アンソロジー

子どものための

少年詩集

2023

銀の鈴社

全国各地で少年詩を創作している詩人たちの応募作品の中から、「子どもにもわかる言葉で書かれた文学性の高い詩作品」を選定し発表しているアンソロジーです。
一九八四年から年刊「現代少年詩集」として二十年間継続してまいりました。二〇〇四年より「子どものための少年詩集」と改題し、新たな体制で少年詩のより一層の普及と質的向上をめざしています。

子どものための少年詩集編集委員会
今期委員　佐々木豊（児童詩教育者・太成学院大学人間学部教授）
はたちよしこ（詩人）
藤井則行（詩人）
星乃ミミナ（詩人）
横山悦子（児童詩教育者・川村学園女子大学教育学部教授）
西野真由美（銀の鈴社　取締役編集長）
柴崎俊子（銀の鈴社　取締役会長）
（五十音順）

目次

銅版画　三谷　慎

子どものための
少年詩集
2023

卒業《そつぎょう》　あいこ

学校《がっこう》に卒業《そつぎょう》はあるけれど
人《ひと》に卒業《そつぎょう》ってあるのかなぁ…？

それって死《し》ぬ時《とき》……？

庭《にわ》に水仙《すいせん》が
夏《なつ》の暑《あつ》さ、冬《ふゆ》の霜《しも》に耐《た》えて
けなげな白《しろ》の花《はな》を
すっくと咲《さ》かせた。

あ〜、人《ひと》だって
自然《しぜん》の暑《あつ》さ、寒《さむ》さに打《う》ち勝《か》って
他者《たしゃ》をむしばむことなく

生《い》きていたら
その人《ひと》だけの花《はな》を咲《さ》かせる。
・・・・・
葉《は》が枯《か》れても土《つち》の中《なか》には
ふえた球根《きゅうこん》が
じっと来年《らいねん》の時《とき》を
待《ま》っている。

何《なに》をあがくの——
何《なに》を悲《かな》しむの——

私《わたし》は、私《わたし》だよ。

宇宙《うちゅう》からのメッセージ？

あかし　けい子

地球《ちきゅう》が変《か》わろうとしているのを
人間《にんげん》は気《き》づき始《はじ》めた

これは宇宙《うちゅう》からの
メッセージなのかもしれない

人間《にんげん》よ　覚醒《かくせい》せよ！
人間《にんげん》よ　つまらない欲《よく》を捨《す》てよ

この広《ひろ》い宇宙《うちゅう》の中《なか》の
ちっぽけな地球《ちきゅう》を
破壊《はかい》するのも　救《すく》うのも
人間《にんげん》だけなのだ

人間《にんげん》よ　覚醒《かくせい》せよ！
人間《にんげん》よ　武器《ぶき》を捨《す》てよ！
地球《ちきゅう》がブルブルと
武者震《むしゃぶる》いをしているぞ

あかしけいこ

言《い》えなかったことば

あさお　みほ

かあさんとわたしを　おいて
とうさんは　でていった
ふりかえりも　しなかった
わたしは　ずっとうつむいていた
言《い》えなかった
行《い》かないでって
言《い》えなかった
なんにも
庭《にわ》の木《き》の　はっぱが
ゆらり　ゆらり　おちていった
言《い》えなかった　わたしのことばも
ゆらり　ゆらり　おちていった
じべたの　はっぱの山《やま》を

うんどうぐつで　すって歩《ある》くと
かしゃかしゃはっぱが舞《ま》った
ざわざわ　なみだが
いっぱい　いっぱい　でてきた
わたしは　ひとりで
声《こえ》をだして　泣《な》いた

いじめられた

あずま　輝子

おとうさんおかあさんが
なくなった子《こ》や
いてもいっしょに
くらされへんがくえんの
子《こ》にいじめられた
かなしかった
かなしい時《とき》
私《わたし》はあたまの中《なか》いそがしい
おとうちゃんとふたり
ぐらしやから
いつもおとうちゃん
げんきかな
しんどいのかなって

がくえんの子《こ》は
さみしいから
私《わたし》をいじめてんなあ
わたしには
おとうちゃんが
いるから
がまんしたげる

とんで山《やま》

あずま　まき

とんで山《やま》があったとさ
椎《しい》の木《き》　松《まつ》の木《き》　杉《すぎ》の木《き》や
いろいろあったとさ
うさぎにたぬき　小鳥達《ことりたち》
楽《たの》しく楽《たの》しく暮《く》らして
おりました

とんで山《やま》に雪降《ゆきふ》って
うさぎは山《やま》から　ぴょんぴょん
ぴょん
村《むら》のお地蔵《じぞう》さんへお参《まい》りだ
真《ま》っ赤《か》な万両《まんりょう》　おじぎした
とんで山《やま》に春《はる》が来《き》て

ガッガーとチェンソー音高《おとたか》く
椎《しい》の木《き》　松《まつ》の木《き》　杉《すぎ》の木《き》をたお
したよ
太陽光《たいようこう》パネルが運《はこ》ばれ
お山《やま》をかえてしまったよ
とんで山《やま》は里山《さとやま》だ

とんで山《やま》のこもれ日小道《びこみち》
椿《つばき》の花《はな》びらじゅうたん
しきつめた
驚《おどろ》いたうさぎにたぬきに小鳥達《ことりたち》
どこへ引越《ひっこ》ししたのやら

注《ちゅう》　チェンソー：動力《どうりょく》のこぎり
太陽光《たいようこう》パネル：太陽光《たいようこう》で発電《はつでん》を行《おこな》うためのパネルのこと
こもれ日《び》：樹木《じゅもく》の枝葉《えだは》をかいくぐって漏《も》れるように地上《ちじょう》へ射《さ》し込《こ》む日光《にっこう》のこと
万両《まんりょう》：ヤブコウジ科《か》の常緑低木《じょうりょくていぼく》・果実《かじつ》は球形《きゅうけい》

あずままき

ベリィーGOOD《グー》！

網野　秋

お母《かあ》さんと4歳《さい》のケンちゃんが
♪♪ジャン　ケン　ポン
大《おお》きいグーがピカッ
小《ちい》さいグーもピカッ
大《おお》きい笑《え》クボと小《ちい》さい笑《え》クボも
ピカッ！

♪♪あいこで　しょ
今度《こんど》は大《おお》きいパーと小《ちい》さいグー
お母《かあ》さん「やったあ」
ケンちゃん「あ〜あ」

ケンちゃん、しょんぼり
でも、お母《かあ》さんが大《おお》きいパーで
ケンちゃんの小《ちい》さいグーを
包《つつ》みこんだ
母子《おやこ》で作《つく》った一《ひと》つのグーの
出来上《できあ》がり！

お母《かあ》さん「グーの勝《か》ちい！」
ケンちゃん「やったあ！」

母子《おやこ》で作《つく》ったベリィーGOOD《グー》が
大《おお》きい宝石《ほうせき》のように輝《かがや》いた

あみのあき

ウミガメの子《こ》

あわや　しほう

もしもしかめよ　かめさんよ
きみがもしもし　かめならば
きみはうさぎに　まけるだろう
りくちでしょうぶ　したならば

されどもしもし　かめさんよ
きみがもしもし　うみのなか
およぎでしょうぶ　したならば
きみはうさぎに　かてるだろう

きみはスイスイ　うみのなか
じゆうにおよげる　ウミガメの子《こ》
しょうぶするなら　ばしょえらべ

ばしょえらばねば　かてません

きみのとくいは　なんだろう？
きみすきなもの　なんだろう？
なにしてるとき　ほめられたかな
きみのとくいを　のばすんだ

うみはせかいと　つながっている
うみをわたれば　せかいにいける
せかいとつながれ　ウミガメの子《こ》
じゆうにおよげ！　ウミガメの子《こ》

あわやしほう

生《い》きもの　イイジマ　ヨシオ

魚《さかな》たちは
どこまでも　どこまでも
水《みず》の世界《せかい》

鳥《とり》たちは
どこまでも　どこまでも
地上《ちじょう》から空《そら》へ

人間《にんげん》は　生《い》きものたちの
悲《かな》しい王者《おうじゃ》
どこまでも　どこまでも
ことばの　奴隷《どれい》

囚《とら》われの　こころのままで
大地《だいち》に立《た》って　語《かた》ろうか
鳥《とり》みたいに
空《そら》になって　歌《うた》おうか

ひとつの　生《い》きものとして

いいじまよしお

シンプルな水色《みずいろ》のカップ

板倉　洋子

シンプルな　水色《みずいろ》の
きてぃちゃんの　絵《え》のついた
カップが　ほしいの
ガラスじゃない　陶器《とうき》のカップ
（なに　のむの？）
―そんなのきまってるじゃない
お水《みず》とか
（お水《みず》　のむのね）
―そうだよ　お水《みず》とか　ぎゅう
にゅうとか　いろんなもんだよ
おじいちゃんだって　お酒《さけ》とか
のむでしょ？
（のむ　のむ）

お店《みせ》を　いくつもまわったけど
きてぃちゃんの　シンプルな
水色《みずいろ》のカップは　なかった
プレゼントは赤《あか》いカップになった
そのころ　水色《みずいろ》のカップは
アルプスの空《そら》に　うかんでいた
回転《かいてん》する　遊園地《ゆうえんち》のカップに
なって　とんでいる
―のせて！のせて！
―いいよお
みんなで　いっしょにのったよ
空《そら》に　うかんだ　シンプルな
水色《みずいろ》のカップにね

いたくらようこ

好《す》き?　糸永　えつこ

遠《とお》くにいれば目《め》で探《さが》す
近《ちか》くに来《く》れば目《め》をそらす

なんだか気《き》になる　ドキッとする
なぜだかうまく話《はな》せない

いつもの私《わたし》でいたいのに
ちがう私《わたし》が顔《かお》を出《だ》す

このドキドキがなくなれば
いつもの私《わたし》に戻《もど》るのに

たった一人《ひとり》の存在《そんざい》が
私《わたし》を大《おお》きく左右《さゆう》する

たった一人《ひとり》の存在《そんざい》は
うれしいけれど息苦《いきぐる》しい

気《き》がつけばまた　深呼吸《しんこきゅう》

いとながえつこ

最後《さいご》は笑《わら》って　井上　和子

動《うご》け　動《うご》け
動《うご》いてみなけりゃ　何《なに》も
はじまらないよ
動《うご》いていたら　いつか
楽《たの》しくなって　前《まえ》へ進《すす》む

泣《な》け　泣《な》け
涙《なみだ》といっしょに　流《なが》すんだ
泣《な》いたら　晴《は》れるよ
くやしさが
こんな　小《ちい》さなことと
気《き》づくから

笑《わら》え　笑《わら》え
とにかく笑《わら》え
笑《わら》えば友《とも》も　笑顔《えがお》になるよ
いつかくるしみ　消《き》えてゆく
あの　太陽《たいよう》のように

いのうえかずこ

星《ほし》ひとつ　いのまた　みちこ

一日《いちにち》の　なりわいを終《お》えて
生《なま》ゴミすてに　外《そと》へでる
冷《つめ》たい風《かぜ》に吹《ふ》かれ
身《み》も心《こころ》も　ふるえる

ふと見《み》あげる　夜空一面《よぞらいちめん》
凍《い》てつく　星《ほし》の海《うみ》
心《こころ》うばわれ
悠久《ゆうきゅう》のかなたへ

お仕事《しごと》　ご苦労《くろう》さまです
ありがとう　ございます
今《いま》にも　落《お》ちそうな星《ほし》ひとつ

風《かぜ》にゆらいで　語《かた》りかける
星《ほし》とわたしの
こころが通《かよ》い合《あ》った一瞬《いっしゅん》

いのまたみちこ

雨《あめ》にぬれながら　今井　典子

学校《がっこう》がえりの子《こ》どもが二人《ふたり》
傘《かさ》もささず　雨《あめ》にぬれながら
道《みち》の曲《まが》りかどで　たたずむ姉弟《きょうだい》
目《め》をとじて　手《て》を合《あ》わせて祈《いの》って
いる
髪《かみ》から雨《あめ》のしずくが　ランドセル
をすべり落《お》ち舗道《ほどう》へとおちていく
足《あし》もとに　スイレンの花《はな》のごとく
傘《かさ》をひらき雨《あめ》を受《う》け水《みず》たまりにな
っている
それでも二人《ふたり》は祈《いの》りつづける
その姿《すがた》は神神《こうごう》しく見《み》えた

家《いえ》は三軒目《さんげんめ》　すぐそこなのに…
そう、お父《とう》さんもお母《かあ》さんも
お仕事《しごと》だったね……

祈《いの》り終《お》えた二人《ふたり》は　傘《かさ》を引《ひ》きずり
ながら帰《かえ》っていった
（だいじょうぶ？）
声《こえ》をかけてあげたかった

次《つぎ》の朝《あさ》　二人《ふたり》は登校《とうこう》の集合場所《しゅうごうばしょ》へ
かけていった
ランドセルから　鳴子《なるこ》のような
カタコト音《おと》が　リズミカルだった

いまいのりこ

ひとつの家族《かぞく》♪　うめさわ　かよこ

帰宅《きたく》しても待《ま》っている人《ひと》のいない
伯父《おじ》
けんかをしたくても相手《あいて》のいない
母《はは》
お互《たが》いに伴侶《はんりょ》を失《うしな》ったふたり
今《いま》ふたりは　シェア仲間《なかま》
家族《かぞく》のいる温《ぬく》もりを大切《たいせつ》に
仲良《なかよ》く　じゃれ合《あ》って
暮《く》らしている

子連《こづ》れの母《はは》
子《こ》のいない伯父《おじ》
娘《むすめ》である私《わたし》は　父《ちち》のように
甘《あま》えさせてもらい
仲良《なかよ》く　家族皆《かぞくみな》で
暮《く》らしている

ふたりとも　お互《たが》いを大切《たいせつ》に
いたわり合《あ》っての生活《せいかつ》
老老介護中《ろうろうかいごちゅう》でも　笑《え》みの絶《た》えない
明《あか》るい家族《かぞく》が　また　ひとつ♪

うめさわかよこ

運動会《うんどうかい》　梅原　ひとみ

広《ひろ》い運動場《うんどうじょう》に
私《わたし》は足《あし》が悪《わる》くて走《はし》れないから
ポッツリ座《すわ》っているの
クラスのみんな
ハチマキして走《はし》っている
校舎《こうしゃ》のかべには赤組《あかぐみ》と白組《しろぐみ》の点数《てんすう》
今《いま》の静《しず》かな運動会《うんどうかい》には
違《ちが》わないけれど
みんなのワクワク
ウキウキ感《かん》じられる
　だけど
もっと静《しず》かで
色《いろ》を持《も》たないのは
私《わたし》、ひとりだけの淋《さみ》しさ
はやく終《お》わってほしい

うめはらひとみ

わたしの場合《ばあい》

エステル　中原

母《かあ》さんは
二歳《にさい》のわたしと柳行李《やなぎごうり》を一《ひと》つ持《も》ち
父《とう》さんと別《わか》れることになった

その晩《ばん》　わたしは高《たか》い熱《ねつ》を出《だ》し
二人《ふたり》はおどろいて
別《わか》れるのをあきらめた

だからといって
急《きゅう》に仲良《なかよ》くなるはずもなく
そんな両親《りょうしん》に育《そだ》てられた
十八歳《じゅうはっさい》になった時《とき》

また別《わか》れ話《ばなし》に火《ひ》がついた
わたしは泣《な》きわめいた

二人《ふたり》は又《また》もあきらめて
もう火《ひ》は燃《も》えることなく
年月《ねんげつ》は流《なが》れて行《い》った

父《とう》さんが死《し》んだ時《とき》
母《かあ》さんは号泣《ごうきゅう》して言《い》った
お父《とう》ちゃんは世界一《せかいいち》
優《やさ》しい　ええお父《とう》ちゃんやった

えすてるなかはら

ぼくの夢《ゆめ》

大川　純世

ぼくは　パパといっしょにねた
しばらくすると大《おお》きな声《こえ》がした
　ガオー　ガオー
ライオンのようないびき
これはライオンとの戦《たたか》いだ
パパがんばれ
するとゆっくりぼくも夢《ゆめ》の中《なか》
南《みなみ》の国《くに》　北《きた》の国《くに》を旅《たび》して
　サンタさんの国《くに》に着《つ》いた
トナカイがぼくをむかえにきた
おお寒《さむ》い　どこも雪《ゆき》でいっぱい
しばらく走《はし》ってから
サンタさんの家《いえ》についた

トントン　トン
とおくのほうから声《こえ》がした
ぼんやりと目《め》をあけると
パパだった
パパはアフリカじゃなかった?
ぼくは　やっと気《き》がついて
まわりを見《み》わたした
ぼくの夢《ゆめ》は　正夢《まさゆめ》になって
　いつかサンタの国《くに》へ行《い》こう

おおかわすみよ

春《はる》うらら

大楠　翠

会《あ》いたい気《き》もちが
一杯《いっぱい》に漲《みなぎ》って

風《かぜ》と取《と》り引《ひ》きしながら
つんのめる綿毛《わたげ》もいるだろうか
ぼくのように

待《ま》ちどおしいな
下校《げこう》の帰《かえ》り道《みち》

おおくすみどり

むく鳥《どり》

おおくま　よしかず

冬《ふゆ》の寒《さむ》い　午後《ごご》
お母《かあ》さんが　ぼくを
自動車《じどうしゃ》に乗《の》せ　塾《じゅく》へ
しばらく行《い》くと
とつぜん　止《と》まった

七羽《ななわ》ほどの鳥《とり》が　水《みず》たまりで
キョロキョロしながら
羽《は》ばたき　行水《ぎょうずい》
行水《ぎょうずい》がすむと　飛《と》びさった

お母《かあ》さんは　運転《うんてん》をしながら
言《い》った

「あの鳥《とり》は　むく鳥《どり》なの
猫《ねこ》やカラスに　注意《ちゅうい》しながら
体《からだ》についた虫《むし》　つまり
ダニを落《お》として行《い》ったの」
それを聞《き》いて思《おも》った
（むく鳥《どり》からすると
ぼくは　幸《しあわ》せだ）
そして　さけんだ
「むく鳥《どり》たちよ！
いつまでも　元気《げんき》でね！」

おおくまよしかず

ゆきうさぎ　大倉　尚美

ヒューヒュー　ゴーゴー
夕《ゆう》べ　あんなに
うねり声《ごえ》を　あげていた猛吹雪《もうふぶき》
どこへ　行《い》ったのでしょうか
今朝《けさ》は　一面《いちめん》まっ白《しろ》い新雪《しんせつ》が
ふかぶかと　太陽《たいよう》にまぶしく
七色《なないろ》にかがやき
静《しず》かに　横《よこ》たわっている

みんな　おおよろこび
歩《ある》くスキーに　乗《の》って
牧場《ぼくじょう》のまわりを
すべったり　ころんだり

ヨイショ　ヨイショ
汗《あせ》がながれる　気持《きも》ちいい
雪山《ゆきやま》に向《む》かって　オーイオーイ

ふと見《み》ると
緑《みどり》の笹《ささ》やぶの横《よこ》に
ピョン　ピョン　ピョン
かわいい足《あし》あと
どこまでも　つづいている
先《さき》のお客《きゃく》さまは　ゆきうさぎ
美《うつく》しい自然《しぜん》の中《なか》で
きたえる体《からだ》を　心《こころ》で感《かん》じ
小《ちい》さな命《いのち》を　見《み》つけたよ

おおくらなおみ

父《ちち》の餅伝説《もちでんせつ》　太田　甲子太郎

ボクの父《ちち》が　生《い》きていた頃《ころ》
こんな話《はなし》を　してくれた

わしが　母《かあ》さんと祭《まつ》りで逢《あ》った頃《ころ》
夜《よる》に　隣村《となりむら》まで　逢《あ》いに行《い》った
けれど　二山越《ふたやまこ》えないと
母《かあ》さんに　逢《あ》うことが　できない
わしは　体力《たいりょく》が漲《みなぎ》るようにと
お米《こめ》を　両方《りょうほう》の手《て》で握《にぎ》り
韋駄天走《いだてんばし》り　逢《あ》いに行《い》った
やっと　二山越《ふたやまこ》え母《かあ》さんに逢《あ》う
手握《てにぎ》りのお米《こめ》が　餅《もち》になっていた
二人《ふたり》は　餅《もち》を食《た》べて腹《はら》を満《み》たした

今思《いまおも》えば　まさかそんなことが
母曰《ははいわ》く　父《ちち》の手握《てにぎ》りの餅《もち》を
食《た》べた　記憶《きおく》があると
まことしやかに　言《い》っていた

ボクは　思《おも》う
母《はは》に　逢《あ》いたい一心《いっしん》が
餅《もち》に　したのだろうと

父《ちち》が語《かた》った
お米《こめ》が　餅《もち》になった話《はなし》である

おおたかしたろう

なにくそ

太田　純平

「息《いき》できねえ！」
世間《せけん》って僕《ぼく》を見《み》て「かわいそう」
って言《い》うけど
そこまで「かわいそう」じゃない
でもそういう社会が息できねえ！
立《た》ち上《あ》がって
寝《ね》たきりでもどこにでも行《い》ってみ
せる
寝《ね》たきりでもなかなかいいぞ
何《なん》たって空《そら》を見《み》わたせるよ
青空《あおぞら》のときはすごく気持《きも》ちいい！
雨《あめ》の日《ひ》は目《め》の中《なか》に雨粒《あまつぶ》が入《はい》る
そんな経験《けいけん》　寝《ね》たきりだからでき
るのさ！
生《い》きるために呼吸《こきゅう》を頑張《がんば》る
自分《じぶん》の肺《はい》の膨《ふく》らみを感《かん》じる
ありがたいねー
生《い》きてるっていつも感《かん》じられるよ
声《こえ》を出《だ》せなくなったらみんなが
僕《ぼく》の表情《ひょうじょう》を見《み》つめてくれる
なかなかないぜ！
こんなに見《み》つめられるのは
舞台《ぶたい》に立《た》った俳優《はいゆう》だねっと
僕《ぼく》はちょっとだけ気分《きぶん》はアイドル
悔《くや》しいだろ？
なにくそ　生《い》きてやる！

おおたじゅんぺい

水族館《すいぞくかん》

大八木　敦彦

おさかなたちは
ねむるときも
目《め》をとじないので
ゆめが
水《みず》にとけこんでしまう
だから
いつも　ゆめのなかでのように
すいすいと
およいでいる

おさかなたちは
ないても
なみだが
水《みず》にまじってしまうので
かなしいことを
わすれてしまう
だから
いつも　たのしそうに
すいすいと
およいでいる

おおやぎあつひこ

おかね

大類　久恵

おかねは　べんり
ほしいものが　いろいろ　買《か》える

暑《あつ》い日《ひ》には　アイスクリームを
寒《さむ》い日《ひ》には　ほかほかの肉《にく》まんを
おかねで買《か》って　たべられる
おしゃれな　ぼうしや
はやりの　スニーカー
あこがれの　じてんしゃも
たくさんあれば　家《いえ》だって買《か》える

でも
おかねで買《か》えないものもある

流《なが》れ星《ぼし》を見《み》た　かんどうは
おかねでは　買《か》えない
ねこのハッチの　ぬくもりも
おかねでは　買《か》えない
あのこにとどけたい　ときめきも
おかねでは　買《か》えない

もしかしたら
ほんとうに　たいせつなものは
おかねでは　買《か》えないのかもしれ
ない

おおるいひさえ

ひととき　おかの　そら

夏風《なつかぜ》吹《ふ》く　ベランダ
　ホカホカのおふとんで
ひと休《やす》みしてるのは　だぁれ

やさしい目《め》をした　カマキリさん
　あらあら
　似《に》た者《もの》どうし
ありのままのマタニティスタイル
お気《き》に入《い》りのマタニティウェア
　似《に》た者《もの》どうし
ゆったり　待《ま》ちましょうね
ママになる日《ひ》　待《ま》ちましょうね

昼下《ひるさ》がりの　ベランダ
　ホカホカのおふとんを
取《と》り込《こ》もうとしている　わたし

眠《ねむ》そうな目《め》をした　カマキリさん
　ほらほら
　似《に》た者《もの》どうし
自然《しぜん》な緑色《みどりいろ》のマタニティドレス
緑《みどり》に花模様《はなもよう》のマタニティドレス
　似《に》た者《もの》どうし
のんびり　待《ま》ちましょうね
お昼《ひる》ねタイム　待《ま》ちましょうね

へ・い・わ

荻野　優子

ひこうきを
百《ひゃく》　かぞえると
ねがいがかなう　という
なんねんも
かぞえてきた
一《いち》ばんのねがいは
なんだろう?

へ・い・わ

あさやけのなかで
かすかだけれど
たしかに　きこえた

ちきゅうにすむ
それぞれの
わ・た・し
そのねがいがかなう
へ・い・わ

なにものにも
おびやかされることなく

おぎのゆうこ

扇風機《せんぷうき》

奥原　弘美

スイッチを切《き》ると
かべを向《む》いたままで
何《なに》を思《おも》い出《だ》しているの？

風《かぜ》がやってきたら
うっかり回《まわ》って
はっ
と止《と》まる

何《なん》で照《て》れているの？
好《す》きなの？

おくはらひろみ

七歳《ななさい》の君《きみ》へ

折原　みか子

近所《きんじょ》を散歩中《さんぽちゅう》
ランニングに出《で》る
少年《しょうねん》と目《め》が合《あ》った
七歳《ななさい》だあ
両手《りょうて》を広《ひろ》げて
ハイタッチに寄《よ》ってきた

サッカーの選手《せんしゅ》になるの？
私《わたし》の問《と》いに
首《くび》を横《よこ》にふった
何《なに》かスポーツしているの？
リクジョウ
陸上《りくじょう》の選手《せんしゅ》が夢《ゆめ》だという

キミはいないかもしれないけれど
付《つ》け加《くわ》えた
キミと呼《よ》ばれた
おばあさんの私《わたし》
クラスメートになった気分《きぶん》で
ドキドキ

おとうさんとかけ出《だ》した
七歳《ななさい》の君《きみ》よ
君《きみ》の希望《きぼう》と
ピンクのランニングシューズが
眩《まぶ》しいよ

おりはらみかこ

二〇〇年後《にひゃくねんご》　かじ　ひとみ

二〇二二年《にせんにじゅうにねん》二月《にがつ》二十二日《にじゅうににち》
朝《あさ》の食卓《しょくたく》で
あなたは言《い》った　唐突《とうとつ》に
二〇〇年後《にひゃくねんご》の今日《きょう》は
２２２２・２・２２だよ

ならびの数字《すうじ》で
突然《とつぜん》現《あらわ》れた遥《はる》か未来《みらい》
パンを持《も》つ手《て》は
しばし止《と》まって
二〇〇年後《にひゃくねんご》を思《おも》ってみる

いったいどんな様子《ようす》だろう

不思議《ふしぎ》な流行《はや》りの服《ふく》を着《き》て
パンのようなものを食《た》べながら
その日《ひ》もやはり
日付《ひづけ》のならびを
愉快《ゆかい》に思《おも》ったりするのだろうか

きっかけは　数字《すうじ》の並《なら》び
２２２２…
異世界《いせかい》への呪文《じゅもん》のように

二月《にがつ》の朝《あさ》
気持《きも》ちはまだ
時《とき》の宇宙《うちゅう》に放《ほう》り込《こ》まれたまま

かじひとみ

ゴキの気《き》もち　片山　ふく子

家《いえ》からの
通《とお》り道《みち》はいつもおなじ
スーパー　コンビニ
ちょっと近《ちか》くまで
いつも同《おな》じ道《みち》
ある日《ひ》
工事《こうじ》になって通行止《つうこうど》め
（いちもうだじん）
でも　何度《なんど》でもおなじ道行《みちゆ》く
通行止《つうこうど》め　じゅうたい何度《なんど》も
（いちもうだじん）
ゴキの気持《きも》ちが
とつぜんわかる

ホイホイやら
コロリやら
かれらだって　きけんは
わかっているにちがいない
でも通《とお》り道《みち》は変《か》えない　そして
（いちもうだじん）
意地《いじ》があるんだよね
意地《いじ》が
えらい奴《やつ》に思《おも》えてくる
仲間《なかま》のように思《おも》えてくる

かたやまふくこ

じんじん　じんじん　ほわぁ

かとう　えりこ

ほら
君《きみ》がさっき
僕《ぼく》にかけてくれた　あの言葉《ことば》
疲《つか》れきった僕《ぼく》の心《こころ》にしみ込《こ》んで
来《き》たよ

寒《さむ》い朝《あさ》　かじかんだ指《ゆび》を
温《あたた》かいお湯《ゆ》に浸《ひた》した時《とき》みたいだ
こんな感《かん》じかな

　じんじん　じんじん　ほわぁ
　じんじん　じんじん　ほわぁ

きみと生《い》きるうた

かとう　けいこ

きみのために　歌《うた》いたい
光《ひかり》が　あふれ出《だ》すように
どんな時《とき》にもきみと
きみといっしょに笑《わら》いたい
キラキラ心《こころ》がおどるから
　キラキラ心《こころ》がおどるから

きみといさかい声荒《こえあら》げ
怒《いか》りが　胸《むね》につき刺《さ》さる
そんな時《とき》こそきみと
きみといっしょに泣《な》きたいよ
ポロポロなみだがこぼれてく
　ポロポロなみだがこぼれてく

傷《きず》つけ憎《にく》み合《あ》うのも
喜《よろこ》び分《わ》かち合《あ》うのも
生《い》きているってしるしだね

ぼくは　歌《うた》いたいよ
　きみと
　きみと生《い》きるうた
みんな　歌《うた》いたいのさ
　きみと
　きみと生《い》きるうた
ラップにのって
さあ、リズムに合《あ》わせ
光《ひかり》が　あふれ出《だ》すように

かとうけいこ

ぼくとは　金原　道三

ぼくは、この四月《しがつ》から五年生《ごねんせい》だ
クラスのグループのリーダーに
選《えら》ばれた
ぼくは考《かんが》えた
ぼくはグループの中《なか》の
ひとりだけど
誰《だれ》かがぼくになることは、
けしてない
ぼくはぼく自身《じしん》なのだ
ぼくが、本当《ほんとう》にぼく自身《じしん》に
なりきるとき
ぼくはぼくであることができる
今《いま》のぼくがぼくであるためには

リーダーをしっかり
やりきることなんだ
ぼくが、本当《ほんとう》のぼくである
ところに向《む》かって
ぼくは、きょうも進《すす》む

かねはらみちぞう

宝《たから》もの　神内　八重

おかあちゃん
ほんまのこと教《おし》えてや

ぼくはどこから生《う》まれてきたんや
うんちのとこ
おしっこのとこ
どっちもちがうなんてどこやのん
大事《だいじ》なとこやなんてどこやのん

ちょっと見《み》せてほしいねんけど
宝《たから》ものが生《う》まれるとこやから
だめやのんかあ

ぼくは生《う》まれるとき失敗《しっぱい》したんや
目《め》を開《あ》けてなかったんやなあ
ええっ　それでも無理《むり》やったん
生《う》まれて六週間《ろくしゅうかん》ほどたたんと
はっきり物《もの》が見《み》えへんのんか

そうかあ　でも　おかあちゃん
ぼくという宝《たから》ものを
生《う》んでくれておおきに
今夜《こんや》のおかずはトンカツ？
よっしゃ！
パン粉《こ》つけは
ぼくにまかせといて

かみうちやえ

消《き》えなかった町《まち》

かみや　じゅんこ

愛知万博《あいちばんぱく》の翌年《よくねん》
フレンドシップ国《こく》ウクライナへ
キーウから草原《そうげん》の道《みち》をバスで半日《はんにち》
チェルノブイリ原子力発電所近《げんしりょくはつでんしょちか》く
スラヴィティチについた
交流会《こうりゅうかい》は習字《しゅうじ》、折《お》り紙《がみ》、踊《おど》りや歌《うた》
現地《げんち》の人々《ひとびと》と楽《たの》しい時《とき》をすごした
昨年《きょねん》、ロシアがウクライナを攻《せ》め
国内《こくない》が戦場《せんじょう》になった
連日報道《れんじつほうどう》される戦況《せんきょう》
スラヴィティチの人々《ひとびと》の
安否《あんぴ》が気《き》づかわれた

ある時《とき》スラヴィティチが報道《ほうどう》
銃《じゅう》を手《て》のロシア兵《へい》に囲《かこ》まれ
広場《ひろば》に集《あつ》められた市民《しみん》
特《とく》にロシア兵《へい》に拘束《こうそく》された
ユーリ・フォミェフチ市長《しちょう》は
「この町《まち》に軍人《ぐんじん》はいない。チェルノブイリ原発事故《げんぱつじこ》から、あなた達《たち》
や全世界《ぜんせかい》を守《まも》った、作業員《さぎょういん》やその
家族《かぞく》だけが住《す》んでいる」
ロシア軍《ぐん》は軍人《ぐんじん》がいるか確認《かくにん》し
撤退《てったい》していった

かみやじゅんこ

高校生《こうこうせい》の尊斗君《みことくん》　川上　佐貴子

市内《しない》の高校《こうこう》二年生《にねんせい》の尊斗君《みことくん》は、
日本語教室《にほんごきょうしつ》のボランティア先生《せんせい》
希望《きぼう》で、教室《きょうしつ》に来《き》ました。

僕《ぼく》　小学校《しょうがっこう》から英語《えいご》習《なら》ってる
日本語教室《にほんごきょうしつ》の　外国《がいこく》の人《ひと》と
英語《えいご》　話《はな》してみたい
教室《きょうしつ》で学習《がくしゅう》しながら聞《き》いていた
カナダのエリックさんが
英語《えいご》で　話《はな》しかけてくれた
エリックさんの英語《えいご》　わかる
すんなり　英語《えいご》で返《かえ》せた
同級生《どうきゅうせい》　カナダに留学《りゅうがく》してるって
話《はな》したい！Ｍｙ　ｆｒｉｅｎｄ

ｍｙ…　英語《えいご》がでてこない　焦《あせ》る
焦《あせ》って…日本語《にほんご》まで　でてこない
エリックさん　僕《ぼく》のことみてる
カナダに友達《ともだち》　住《す》んでいますか
カナダのこと　聞《き》きたいですか
日本語《にほんご》で話《はな》しかけてくれてる
エリックさんと一緒《いっしょ》に勉強《べんきょう》したい
日本語《にほんご》で　もっと話《はな》せたら
エリックさんに僕《ぼく》の話《はな》したいこと
うまく伝《つた》わるかな

　尊斗君《みことくん》は、エリックさんと一緒《いっしょ》
に、日本語《にほんご》の勉強《べんきょう》をすることに
決《き》めました。

かわかみさきこ

道《みち》　川島　もと子

ひたすらに
夢《ゆめ》を追《お》いかけ
走《はし》り続《つづ》けてきたあなた
届《とど》きそうだったのに
つかめそうだったのに
夢《ゆめ》は虹《にじ》のように消《き》えていった

あなたの倒《たお》れた土《つち》の上《うえ》に
今温《いまあたた》かな風《かぜ》が吹《ふ》く
雲間《くもま》から小《ちい》さな星《ほし》たちが
あなたのもがいた足跡《あしあと》を照《て》らす

あなたの落《お》とした涙《なみだ》に
柔《やわ》らかな光《ひかり》が宿《やど》る
この世界《せかい》にたったひとすじの
あなただけの道《みち》

今《いま》は眠《ねむ》りたいだけ
眠《ねむ》ればいい

道《みち》の先《さき》にまた
暁《あかつき》が最初《さいしょ》の光《ひかり》を投《な》げるまで

かわしまもとこ

テディベア　北川　風

明《あ》けくれて
窓《まど》の外《そと》　あわ雪《ゆき》

らんらん　くまくま

なぎ倒《たお》す　山颪《やまおろし》
負《ま》けない

目《め》に見《み》えない
大切《たいせつ》な
心《こころ》のポケット
守《まも》るんだ

この部屋《へや》で
僕《ぼく》の役割《やくわり》は
用心棒《ようじんぼう》

おっとっと
頑張《がんば》れ　くまさん

きたがわかぜ

絶壁《ぜっぺき》のゲラダヒヒ

北野　千賀

エチオピア
シミエン国立公園《こくりつこうえん》の
高《たか》さ一五〇〇《せんごひゃく》メートルの岩山《いわやま》
絶壁《ぜっぺき》で眠《ねむ》る
ゲラダヒヒのファミリー

外敵《がいてき》から身《み》を守《まも》るのに
絶壁《ぜっぺき》ほど　安全《あんぜん》な所《ところ》は無《な》い
命《いのち》がけの毎日《まいにち》

日中《にっちゅう》　崖《がけ》の上《うえ》の草原《くさはら》で
伸《の》び伸《の》びと　食事《しょくじ》をすれば
また　絶壁《ぜっぺき》へ

平和《へいわ》で　ぬくぬく暮《く》らしている
ボク
ゲラダヒヒの命《いのち》がけの
日々《ひび》を思《おも》うと
ボクも　がんばらなくては

きたのちか

入学式《にゅうがくしき》の次《つぎ》の日《ひ》

木下　祥子

小学校《しょうがっこう》の門《もん》の前《まえ》で
登校班《とうこうはん》の六年生《ろくねんせい》のお姉《ねえ》ちゃんが
いなくなった
迷《まよ》い子《ご》になった
どこへ行《い》ったらいいのか
わからなくなった
泣《な》いてしまった

二年生《にねんせい》のお姉《ねえ》ちゃんが
一年二組《いちねんにくみ》の教室《きょうしつ》に
つれて行《い》ってくれた
私《わたし》は　ばぁばが　買《か》ってくれた
ランドセルを　背負《せお》っていた

二年生《にねんせい》になったら
私《わたし》も
一年生《いちねんせい》に　優《やさ》しくしよう

きのしたしょうこ

はるのおやま　きりは

はるのお山《やま》は　ピンクいろ
ピンクのお山《やま》は　さくらのおはな
さくらのお山《やま》は　ひらひらわらう
わらうお山《やま》は
　てとてつないで
　　スリスリぽん
はるのお山《やま》は
　　クルクルぽん
はるのお山《やま》の　そのうえで
おひさま　わらって
　ホカホカぽん

わらいつかれた　おひさまが
お山《やま》のあいだに　おっこちて
オレンジいろの　あくびした

「またあした」

きりは

折《お》り込《こ》み言葉《ことば》遊《あそ》び 3

楠木 しげお

浅草《あさくさ》　ありがたい　観音様《かんのんさま》
さゆう（左右《さゆう》）に　仲見世《なかみせ》
くぐる　雷門《かみなりもん》
さっそうと　人力車《じんりきしゃ》

チャンス
ちゃんと活《い》かそうね
スポーツとか　人生《じんせい》で

阿佐ケ谷《あさがや》姉妹《しまい》の　阿佐ケ谷《あさがや》
ありふれた町《まち》だけど
さすが目《め》を引《ひ》く　杉並区役所《すぎなみくやくしょ》
がっ（学《がっ》）校《こう》に近《ちか》い中央線《ちゅうおうせん》の駅《えき》
やや南《みなみ》に地下鉄丸ノ内線《ちかてつまるのうちせん》の駅《えき》

雨《あめ》
ありがたかったり……
めいわくだったり……

タモリ
たまにはサングラスを外《はず》し
もりた（森田《もりた》）さんに戻《もど》って
リラックス

江《え》の島《しま》
えど（江戸《えど》）時代《じだい》には橋《はし》が無《な》く
のんびり引潮《ひきしお》待ったとさ
しずしず（静々《しずしず》）拝《おが》んだ弁天様《べんてんさま》
まわりの海《うみ》は　相模湾《さがみわん》

くすのきしげお

小《ちい》さなひと　くろき　おさむ

小柄《こがら》なひとである
優《やさ》しい心《こころ》は　大《おお》きく広《ひろ》く
なんでも　一生懸命《いっしょうけんめい》
いつも奉仕家《ほうしか》なひと

給料《きゅうりょう》は無《な》く　有休《ゆうきゅう》もない
頼《たよ》りになる　ボランティアさん
困《こま》った時《とき》は　優《やさ》しく声《こえ》かけて
病気《びょうき》になると　朝《あさ》まで看病《かんびょう》してた
嬉《うれ》しい時《とき》はバンザーイと手《て》をあげ
大《おお》きな喜《よろこ》びにかえた　応援団長《おうえんだんちょう》！

悲《かな》しい時《とき》は　いっしょに泣《な》いて
涙《なみだ》を笑顔《えがお》にかえた　魔術師《まじゅつし》さん
料理長《りょうりちょう》で　洗濯屋《せんたくや》で　清掃業者《せいそうぎょうしゃ》
華奢《きゃしゃ》なからだの　小《ちい》さなひと

老《お》いてシワシワになっても
見守《みまも》ってくれてる　あなたは
私《わたし》を育《そだ》てた偉大《いだい》なひと
小《ちい》さく　小《ちい》さくなっていた
今度《こんど》は私《わたし》が　見守《みまも》りましょう
小《ちい》さな　小《ちい》さなひと
私《わたし》の　おかあさん

くろきおさむ

虹《にじ》　小泉　かずしげ

小五《しょうご》の六月《ろくがつ》のことだった
私《わたし》は陽斗《はると》が好《す》きになっていた
教室《きょうしつ》で顔《かお》を合《あ》わせる時《とき》も
廊下《ろうか》で何《なに》げなくすれちがう時《とき》も
私《わたし》の鼓動《こどう》はいつも高鳴《たかな》った

体育《たいいく》でリレーの練習《れんしゅう》をする
陽斗《はると》がバトンの受《う》け渡《わた》しのコツを
私《わたし》に笑顔《えがお》でやさしく教《おし》えてくれた
思《おも》いがけず何度《なんど》も手《て》が触《ふ》れ合《あ》った
私《わたし》はもうドキドキしてしまった
私《わたし》ってバカだから告白《こくはく》しようと
本気《ほんき》になって陽斗《はると》に手紙《てがみ》を書《か》いて

陽斗《はると》のげた箱《ばこ》の中《なか》にそっと入《い》れた
次《つぎ》の日《ひ》　私《わたし》のげた箱《ばこ》の中《なか》には
陽斗《はると》からの手紙《てがみ》が入《はい》っていた
一言《ひとこと》だけ「ヤメテクレー！」

午後《ごご》から大《おお》つぶの雨《あめ》が降《ふ》ってきた
雨音《あまおと》以上《いじょう》に私《わたし》の心《こころ》は乱《みだ》れていた
下校《げこう》の時《とき》には雨《あめ》がやんでいた
家路《いえじ》を急《いそ》ぐ私《わたし》に日《ひ》がさしてきた
空《そら》に大《おお》きな虹《にじ》がかかっている
なぜか虹《にじ》に向《む》かって夢中《むちゅう》で走《はし》った
陽斗《はると》のことなんか忘《わす》れてしまおう
虹《にじ》の中《なか》の陽斗《はると》の顔《かお》が消《き》えていった

こいずみかずしげ

春《はる》　コサカ　ミオ

今年《ことし》の卒業式《そつぎょうしき》は
マスクを外《はず》すことになった
僕《ぼく》はマスクのない卒業式《そつぎょうしき》を
想像《そうぞう》した

息《いき》はしやすくなるだろう
でも
どんな一日《いちにち》になるだろう
マスクの下《した》で
僕《ぼく》の素顔《すがお》は　とまどっていた

迎《むか》えた卒業《そつぎょう》の日《ひ》
解《と》き放《はな》たれた会場《かいじょう》の
湧《わ》き上《あ》がる無限《むげん》の歓喜《かんき》の中《なか》
僕《ぼく》らは卒業証書《そつぎょうしょうしょ》を受《う》け取《と》った
エルガーの威風堂々《いふうどうどう》を
ＢＧＭにして

長《なが》かったトンネルの向《む》こうに
いつの間《ま》にか　たどりついていた
慣《な》れないリップクリームが
隣《となり》の席《せき》で光《ひか》るのが見《み》えた

こさかみお

地球《ちきゅう》に挑戦《ちょうせん》

小菅　征夫

春《はる》の野原《のはら》で　腹《はら》ばいになり
両手《りょうて》で抱《かか》えて　地球《ちきゅう》をだっこ
うーん　地球《ちきゅう》
地球《ちきゅう》は　やっぱり　でっかいな
おでこに　泥《どろ》んこ　付《つ》いちゃった
　そばで　たんぽぽ
ほほほ　と笑《わら》って
春《はる》だよ　新学期《しんがっき》だ
挑戦《ちょうせん》！　挑戦《ちょうせん》！

今度《こんど》こそはと　仰向《あおむ》けになり
両手《りょうて》で背負《せお》って　地球《ちきゅう》をおんぶ
うーん　地球《ちきゅう》
地球《ちきゅう》は　やっぱり　重《おも》たいよ
背中《せなか》の　石《いし》ころ　おー痛《いた》い
　空《そら》の綿雲《わたぐも》
くくく　と笑《わら》って
その意気《いき》　心機一転《しんきいってん》
挑戦《ちょうせん》！　挑戦《ちょうせん》！

こすげいくお

もう一人《ひとり》のあたし

古都美

さあ、外《そと》へゆこうよ。

家《いえ》の中《なか》ばっかり、閉《と》じ込《こ》もっていないでさ。外《そと》の世界《せかい》は、想像力《そうぞうりょく》の翼《つばさ》を広《ひろ》げて、羽《は》ばたける最高《さいこう》の世界《せかい》だよ。

いざっ、外《そと》へ。ほら、見《み》て。裏《うら》の川《かわ》を。この寒《さむ》さでも、鵜《う》やカモの群《む》れが、元気《げんき》に遊《あそ》び泳《およ》いでる。歩《ある》けば道《みち》の脇《わき》の日《ひ》だまりに、犬《いぬ》ふぐりが花《はな》を咲《さか》せてる。逞《たくま》しい。

それっ、土手上《どてうえ》の道《みち》に着《つ》いた。目《め》の前《まえ》に広《ひろ》がる河川敷《かせんしき》の桃《もも》やりんごの木々《きぎ》達《たち》。内《うち》に秘《ひ》めた強靱《きょうじん》な生命力《せいめいりょく》は、巡《めぐ》ってくる春《はる》の訪《おとず》れを待《ま》っているのだ。

その向《む》こうに流《なが》れる千曲川《ちくまがわ》は、大海原《おおうなばら》へと、夢《ゆめ》をのせて旅《たび》してる。

山《やま》は山《やま》で、何事《なにごと》にも動《どう》じない、その姿《すがた》に敬服《けいふく》す。

見上《みあ》げた空《そら》では、流《なが》れゆく雲《くも》が、いろんな生《い》き物《もの》に姿《すがた》を変《か》えてゆき、このあたしを大《おお》いに喜《よろこ》ばせる。

心《こころ》の開放感《かいほうかん》。嗚呼《ああ》。

大自然《だいしぜん》の、大切《たいせつ》さを深《ふか》く噛《か》み締《し》めるもう一人《ひとり》のあたしが、今《いま》ここに。

ことみ

ウソつくキツネ　こんどう　みえこ

私《わたし》はウソつくキツネとお友《とも》だち
だから
ちょっとしたウソをついてしまう
心《こころ》にもないことを言《い》ってしまう

今日《きょう》もまた
ウソをついた
自分《じぶん》にウソをついてしまった

ウソつくキツネが
にやりと笑《わら》う

私《わたし》はひとりぼっちになるのが
こわいから
ウソつくキツネと
さよならできない

こんどうみえこ

曾爺《ひいじい》ちゃん曾婆《ひいばあ》ちゃん

さいとう　しずえ

俺《おれ》ん家《ち》の曾爺《ひいじい》ちゃん九十歳《きゅうじっさい》だぜ
ふーん　で　元気《げんき》なの
元気《げんき》だ　畑仕事《はたけしごと》やるし丼飯喰《どんぶりめしく》うし
私《あたし》ん家《ち》の田舎《いなか》の曾婆《ひいばあ》ちゃんね
九十三歳《きゅうじゅうさんさい》で一人暮《ひとりぐ》らしだよ
まだ民謡歌《みんよううた》えるし踊《おど》れるし
すげえ　けど大丈夫《だいじょうぶ》かあ
大丈夫《だいじょうぶ》　近所《きんじょ》に仲良《なかよ》しいるし
スマホ　持《も》ってるし
その婆《ばあ》ちゃん　小遣《こづか》いくれる？
うん　会《あ》いにいくと大喜《おおよろこ》びして
いーっぱいくれる　うふふふ
やっぱ年金《ねんきん》ためてるんだ

うちもお年玉《としだま》は　たっぷりくれる
あんたとこ一緒《いっしょ》に暮《くら》せていいね
うん　毎日午後《まいにちごご》は老人《ろうじん》センターだ
大浴場《だいよくじょう》に浸《つ》かって　湯《ゆ》あがりに
ポックリ往《い》きたい　なんて言《い》う
うちもポックリ往《い》く往《い》くって
十年《じゅうねん》も前《まえ》から言《い》ってたけどさ
この頃《ごろ》は百《ひゃく》まで生《い》きるって言《い》う
うひょー　良《よ》し　うちの曾爺《ひいじい》も
しっかり百《ひゃく》まで生《い》かすぞ！
「おーいそこのお二人《ふたり》さーん
喋《しゃべ》ってないで早《はや》く作品仕上《さくひんしあ》げよう
〝敬老《けいろう》の日《ひ》のプレゼント工作《こうさく》〟」

続《つづ》いていく　佐伯　道子

いつのまにか
春《はる》になっていた
今《いま》は春《はる》まっさかり
そして
いつか春《はる》は過《す》ぎ去《さ》っていった

わたし
生《う》まれたときから
わたしは始《はじ》まっている
うれしいことがあって
楽《たの》しいことがあって
悲《かな》しいこともあって
怒《おこ》ることもある

夢中《むちゅう》になったり
あきてしまったり
ただぼんやりしていたり
そんなわたしの毎日《まいにち》が
編《あ》みこむようにつながって
わたしをつくっていく

いつのまにか
冬《ふゆ》になっていた
いろんな一年《いちねん》積《つ》みこんで
また新《あたら》しい春《はる》がやってくる
始《はじ》まりは
……続《つづ》いていく

さえきみちこ

土《つち》はタネのお宿《やど》

さとう　かずし

田《た》んぼに雪《ゆき》が降《ふ》りつづいて
稲株《いなかぶ》と畦道《あぜみち》も白《しろ》く埋《う》まり
雪《ゆき》の原《はら》っぱになった

お日《ひ》さまが暖《あたた》かくなってきて
原《はら》っぱが溶《と》けて水滴《すいてき》になり
水路《すいろ》へぽとぽと　とととと　とー
土《つち》に宿《やど》る植物《しょくぶつ》のタネが
わーい　春《はる》の音《おと》だ

畦道《あぜみち》では霜柱《しもばしら》がたおれ
みどりの草《くさ》が生《は》えてきて
黄色《きいろ》いすみれ

紅《あか》いすみれが
ほっほと咲《さ》きだした

田《た》んぼに夏《なつ》の風《かぜ》が吹《ふ》いて
白《しろ》い稲《いね》の花《はな》が
さや　さや　さや
さや　さや　さや
実《みの》りの秋《あき》へなびく

植物《しょくぶつ》たちは
大地《だいち》とともにあり
土《つち》から養分《ようぶん》をいただいて
自分《じぶん》を実《みの》らせている

さとうかずし

私《わたし》は祈《いの》る・祈《いの》る・祈《いの》る

佐藤　せつお

怒《いか》りと悲《かな》しさ同居《どうきょ》して
私《わたし》の首《くび》を縛《しば》ってる
愛《あい》と憎《にく》しみ同居《どうきょ》して
私《わたし》の首《くび》を締《し》めている
勇気《ゆうき》と恐怖《きょうふ》が同居《どうきょ》して
私《わたし》の口《くち》を塞《ふさ》いでる

ロシアとウクライナの戦争《せんそう》に
私《わたし》の心《こころ》は凍《こお》りつく

花《はな》の命《いのち》の短《みじか》さを
知《し》っているのは人間《にんげん》なのに
人《ひと》の命《いのち》の尊《とうと》さを
知《し》っているのは人間《にんげん》なのに

地球《ちきゅう》の命《いのち》の偉大《いだい》さを
知《し》っているのは人間《にんげん》なのに
知《し》らんぷりとは許《ゆる》せない
二度《にど》とない人生《じんせい》に
命《いのち》を奪《うば》う戦争《せんそう》が
あっていいはずはない

私《わたし》は祈《いの》る祈《いの》る祈《いの》る
平和《へいわ》な風《かぜ》よ自由《じゆう》な光《ひかり》よ
この地球《ちきゅう》を慈《いつく》しみ
おもいっきり包《つつ》んでおくれ
この思《おも》いこの祈《いの》り
プーチン大統領《だいとうりょう》にとどけと

新緑《しんりょく》の小径《こみち》

白谷　玲花

天《てん》からまっすぐに
おりてきた光《ひかり》が
若葉《わかば》の中《なか》に
いっせいに飛《と》び込《こ》む

きーん
若葉《わかば》が
うぶごえをあげる

ぴーん
こもれびが
青《あお》くすきとおる

ぐーん
色《いろ》とりどりの新緑《しんりょく》が
双手《もろて》をのばす

すうーっ
新緑《しんりょく》の薫《かお》りを
思《おも》いっきり吸《す》いこむ

小鳥《ことり》のさえずりがやみ
風《かぜ》のそよぎがとまる
若葉《わかば》のときめきが
海原《うなばら》のようにひろがる
新緑《しんりょく》の小径《こみち》

なまえ　すが　とみこ

人《ひと》は、この世《よ》に生《せい》を受《う》けた時《とき》、両親《りょうしん》は、玉《たま》のような我《わ》が子《こ》に出会《であ》って、まず、名前《なまえ》を考《かんが》えます。いろいろいろいろ、親《おや》にとっては、とてもうれしい悩《なや》みなのです。なんて幸《しあわ》せなことでしょう。どんなに大《おお》きな光明《こうみょう》なのでしょう。おじいちゃん、おばあちゃんも加《くわ》わって一段《いちだん》と楽《たの》しいひとときを、赤《あか》ちゃんはこの世《よ》の両親《りょうしん》にプレゼントしてくれます。はじめての親孝行《おやこうこう》ですね。たくさんの名前《なまえ》の中《なか》から、ようやく決《き》まり、その子《こ》に一生与《いっしょうあた》えられます。むつかしい字《じ》の名前《なまえ》、やさしい字《じ》の名《な》、夢《ゆめ》ふくらむ名前《なまえ》、美《うつく》しいキラキラネーム。強《つよ》くたくましい男子名《だんしな》、幸《さち》あれと望《のぞ》むほほえましい名前《なまえ》。「名《な》は、体《たい》をあらわす」昔《むかし》の人《ひと》はいい事《こと》を云《い》いました。そんな親《おや》の願《ねが》い一杯《いっぱい》の名《な》を、感謝《かんしゃ》したいものですね。日々《ひび》なまえを呼《よ》ばれることが何度《なんど》あるでしょう。名前《なまえ》は、不思議《ふしぎ》な、うれしいお父《とう》さんお母《かあ》さんからの、大切《たいせつ》な　素晴《すば》しいおくり物《もの》なのですね。

ありがとう！

すがとみこ

ミミズ放送局《ほうそうきょく》より　すぎもと　れいこ

今日《きょう》の午後《ごご》
南《みなみ》の小《ちい》さな島《しま》で静《しず》かに
くらしていた
ミミズの子《こ》どもが
突然《とつぜん》亡《な》くなりました
くわで掘《ほ》り起《お》こされた瞬間《しゅんかん》に
鳥《とり》に襲《おそ》われたようです
仲間《なかま》がそのようすを
見《み》ていたのですが
どうすることもできませんでした
両親《りょうしん》は子《こ》どもが生《い》きていると
信《しん》じてずっと探《さが》し続《つづ》けています

わたしたちミミズは
弱《よわ》い生《い》き物《もの》です
わたしたちは　武器《ぶき》もなければ
体力《たいりょく》もありません
命《いのち》を守《まも》るには　体《からだ》をかくすこと
かくれていても　今回《こんかい》のような
事件《じけん》が起《お》こります

わたしたちミミズが
安心《あんしん》してくらすには
どうすればいいのでしょうか

ミミネがリポートしました

すぎもとれいこ

苦難《くなん》を越《こ》えて

関根　清子

苦難《くなん》を越《こ》えて行《い》くことが
「生《い》きる」ということ
人生《じんせい》の荒波《あらなみ》も
自分《じぶん》にとって必要《ひつよう》な出来事《できごと》

一瞬一瞬《いっしゅんいっしゅん》の輝《かがや》く命《いのち》を
精《せい》いっぱい生《い》きることが
未来《みらい》への道《みち》を
照《て》らす光《ひかり》になるだろう

まわり道《みち》も
途中下車《とちゅうげしゃ》も
立《た》ち止《ど》まることも

すべて受《う》け入《い》れ
自分《じぶん》の道《みち》を生《い》きる

過去《かこ》の自分《じぶん》に伝《つた》えたい
壊《こわ》れそうな心《こころ》を守《まも》り
命《いのち》を繋《つな》げてくれて
ありがとう

未来《みらい》の自分《じぶん》へ
笑顔《えがお》を忘《わす》れず
心穏《こころおだ》やかな日々《ひび》を
生《い》きていますか
それが、私《わたし》の願《ねが》いです

せきねきよこ

友《とも》よ　そがべ　たけひろ

友《とも》よ
君《きみ》の

―おはよう―
の声《こえ》を聞《き》くと
僕《ぼく》の一日《いちにち》がはじまる

悩《なや》んでいるとき
君《きみ》の日焼《ひや》けした顔《かお》を見《み》ると
心配《しんぱい》ごとが消《き》える

厳《きび》しい部活《ぶかつ》の帰《かえ》り
―おお、でっかい月《つき》だ―
と言《い》う君《きみ》の言葉《ことば》に

空《そら》を見《み》る…………
疲《つか》れがどこかへいった

僕《ぼく》には
いつも
君《きみ》がいる

友《とも》よ
君《きみ》がいるだけで
僕《ぼく》は
しっかり前《まえ》を向《む》いて
歩《ある》いて行《い》くことが出来《でき》る

そがべたけひろ

東《ひがし》へ

髙原　千代美

走《はし》る　走《はし》る
高速道路《こうそくどうろ》を走《はし》る
東《ひがし》へ向《む》かって走《はし》る
はずむ心《こころ》を乗《の》せて
開放《かいほう》された思《おも》いを乗《の》せて

とめどないおしゃべり
聞《き》くともなく
流《なが》れているＢＧＭ
とぶように走《はし》りすぎる
見《み》なれぬ景色《けしき》
長年願《ながねんねが》っていたおへんろ

チャンスを得《え》てまわりはじめた
四国八十八ヵ所《しこくはちじゅうはちしょ》　祈《いの》りの旅《たび》
残《のこ》りの五ヵ寺《ごじ》
巡《めぐ》り終《お》えるのをめざして
ひたすら　走《はし》る

たかはらちよみ

こころの種《たね》

竹内　紘子

肥料《ひりょう》をたっぷりきかせた土《つち》に
まいた　こころの種《たね》
見《み》た目《め》にきれいな毒花《どくばな》が咲《さ》く

掘《ほ》るのがめんどうで
浅《あさ》い土《つち》にまいた　こころの種《たね》
ねじれ曲《ま》がった茎《くき》になる

かんたんじゃないんだよ
こころの種《たね》が育《そだ》つのは
土中《どちゅう》にひそむ
エネルギーを掘《ほ》りだそう

宇宙《うちゅう》からふりそそぐ
パワーを受《う》けとめよう

ぐいぐい地《ち》をふみしめ
ほっこり陽《ひ》や雨《あめ》をあび

こころよ
まっすぐ力《ちから》づよく
芽《め》を吹《ふ》け

たけうちひろこ

石《いし》ころ

武西　良和

山《やま》すそに石《いし》ころが
一《いっ》こ二《に》こ
横《よこ》を向《む》いたり
あお向《む》けになったり

これらはただの石《いし》ころだが
石垣《いしがき》を積《つ》むとき
大《おお》きな石《いし》では扱《あつか》いきれない
小《ちい》さなすき間《ま》を
ふさぐ

あちこちから
さまざまな形《かたち》の小《ちい》さな
石《いし》ころが集《あつ》まって
大《おお》きな石《いし》の粗《あら》い仕事《しごと》ではできない
こまやかな働《はたら》きをして
石垣《いしがき》のすき間《ま》に
軽《かろ》やかに収《おさ》まっていく

ただの石《いし》ころだったものが
集《あつ》まり
石垣《いしがき》のそれぞれの場所《ばしょ》に
すっぽりと入《はい》る

それは子《こ》どもの石《いし》ころの
大人《おとな》の仕事《しごと》だ

たけにしよしかず

お手々《てて》あそび

田中　たみ子

おばあちゃん　手《て》をたたく
パーン　パーン　パンパンパン
ないてたけど　おやっ面白《おもしろ》い
まねしたくなったよ

おばあちゃん　手《て》あわせる
パーン　パーン　パンパンパン
いいね　いいね　おもしろそう
きげん　なおっちゃった

おばあちゃんの手《て》みて
まねっ子《こ》わたし
できたよ　できたよワーうれし

あたま　なでなで
だっこしてくれた
――いっしょにやろう――
パーン　パーン　パンパンパン

たなかたみこ

青春《せいしゅん》の練習帳《れんしゅうちょう》

津川　みゆき

心《こころ》の中《なか》のページを
楽《たの》しいことだけで
埋《う》められたらいい

けれど
失敗《しっぱい》した自分《じぶん》が嫌《いや》になったこと
悔《くや》しくて眠《ねむ》れなかったこと
きつく唇《くちびる》をかんだこと
涙《なみだ》が止《と》まらなかったこと……
そんな
消《け》してしまいたいことだらけ、と
うなだれる日々《ひび》もある

だけど
失敗《しっぱい》から学《まな》んだことも
悲《かな》しみから顔《かお》を上《あ》げたことも
人《ひと》を　自分《じぶん》を　赦《ゆる》せたことも
書《か》いてゆこう
書《か》いて　書《か》いて　書《か》いて
書《か》き続《つづ》けることでしか
新《あたら》しいページは　めくれない
君《きみ》が書《か》いたことが
明日《あした》の君《きみ》を創《つく》ってゆく

それは　君《きみ》だけの見《み》えない練習帳《れんしゅうちょう》
大《おお》きな心《こころ》の人《ひと》になるための

つがわみゆき

思《おも》い出《で》の修理人《しゅうりにん》

土屋　律子

きみのかなしい
思《おも》い出《で》
修理《しゅうり》します

こぼれる　なみだ
ふいてあげ
いつの日《ひ》か
いとしい思《おも》い出《で》に
なるように
してさしあげます
代金《だいきん》はけっこうですが

かざらない
しぜんな　えがお
見《み》せていただけたら
このうえなく
うれしいのです

つちやりつこ

母《はは》の背中《せなか》　つゆき　和代

トントントン
ネギをきざむ
カタカタカタ
湯気《ゆげ》が鍋《なべ》のふたを開《あ》ける
ジューッ
フライパンに卵《たまご》を流《なが》し込《こ》む
作《つく》る母《はは》の背中《せなか》
朝《あさ》の音《おと》

つゆきかずよ

おふろあそび　トーヤマ　ケンタ

とうさん　ちゃぷちゃぷ　なみつくり
おおなみ　こなみ　ざぶぶんと
タオルひたして　クラゲさん
ぷくぷく　ぷくん　あわをはく
ぼくは　なみにヨットをうかべ
あっちへゆらり　こっちへくるり
こんやは　あらしのこうかいだ
うずまきはしるぞ　ざぶんこ　ざぶん
あふれるおゆに　キャッキャッキャッ
とうさんいわに　しがみつけ

おふろでて　あかりけしても
ゆぶねでは　うみのなごりがつづいてる

とうやまけんた

人生《じんせい》はピクニック　とこ

人生《じんせい》は　ピクニック

歩《ある》いたり
休《やす》んだり
山《やま》を登《のぼ》ったり
経験《けいけん》をつんで　戻《もど》ったり
おちこんでも　立《た》ち上《あ》がれば
また　平《へい》たんな道《みち》もあり
デコボコ道《みち》もあったり

人生《じんせい》は　ピクニック

終《お》わりまで　続《つづ》く

消《け》しゴム賛歌《さんか》

戸田　たえ子

鉛筆《えんぴつ》と並《なら》ぶ
消《け》しゴムの憂鬱《ゆううつ》

訳《わけ》あって消《け》しながら
その訳《わけ》を語《かた》れない憂鬱《ゆううつ》

ただ　ひたすらに
消《け》し続《つづ》けるだけの憂鬱《ゆううつ》

そんな
この無限《むげん》にも
繰《く》り返《かえ》すことの恍惚《こうこつ》に
出合《であ》えるはず

逆転《ぎゃくてん》の恍惚《こうこつ》に――

悲《かな》しみも
喜《よろこ》びに変《か》わるということ

いつの日《ひ》か
逆転《ぎゃくてん》の末《すえ》
そんな時《とき》がくると伝《つた》えたい

とだたえこ

タヌキのゆくえ

都丸　圭

近《ちか》くの神社《じんじゃ》でタヌキに出会《であ》った。ネコのために置《お》いたエサを夢中《むちゅう》で食《た》べている。やせ細《ほそ》り全身《ぜんしん》の毛《け》が抜《ぬ》け湿疹《しっしん》だらけだ。私《わたし》に気《き》が付《つ》かないのか、エサをむさぼっている。

郊外《こうがい》のこの地に引《ひ》っ越《こ》してきて、初《はじ》めてタヌキを見《み》たときは驚《おどろ》いた。「ショウジョウ寺《じ》の庭《にわ》は……」とつい歌《うた》ってしまった。

お寺《てら》の和尚《おしょう》の代《だい》が変《か》わると、囲《まわ》りの薮《やぶ》が取《と》り払《はら》われた。タヌキだけでなくネコもイタチも薮《やぶ》を追《お》われ、どこかへ散《ち》ってしまった。郊外《こうがい》とは言《い》え、家《いえ》が建《た》て混《こ》んでいる。タヌキたちは、これからどこで生《い》きていくのだろう。

ネコはそこかしこにいて、人《ひと》が運《はこ》ぶエサを食《た》べているが、タヌキやイタチはどうだろう。一《いち》、二度《にど》、タヌキが近所《きんじょ》で死《し》んでいるのを見《み》た。イタチはずっと前《まえ》からいなくなってしまった。

と、ふり向《む》くとあのタヌキが消《き》えていた。「そう心配《しんぱい》しなくていいよ」タヌキがそう言《い》ったように感《かん》じ、私《わたし》はなぜかほっとしていた。

とまるけい

山《やま》の王《おう》さま　冨岡　みち

富《ふ》士《じ》はひとりぼっち
山《やま》の王《おう》さまだから
なかまはいらない
なかまはつくらない

富《ふ》士《じ》はさびしくない
山《やま》の王《おう》さまだから
さびしがらなくても
ひともどうぶつもやってくる

富《ふ》士《じ》はこらえてる
山《やま》の王《おう》さまだから
百年《ひゃくねん》も三百年《さんびゃくねん》も
バクハツするのをがまんできる

とみおかみち

星空《ほしぞら》

豊崎　えい子

きょう
いやなことがあった
いじめほどでは
ないけれど

夜《よる》
ねむれなくて
庭《にわ》に出《で》ると
星々《ほしぼし》の
無言《むごん》の励《はげ》まし
やさしく
ふりそそぐ

すると
きょうのことは
どうでもいいような
気《き》がして

心《こころ》は
ゆっくりと
ときほぐされ
悲《かな》しみは
星空《ほしぞら》の下《した》で
ゆっくりと
しぼんでいく

とよさきえいこ

人間《にんげん》は負《ま》けない

永田　喜久男

人間《にんげん》は　弱《よわ》いものだなあ
微生物《びせいぶつ》の　コロナの前《まえ》に
あっけなく　命《いのち》をうばわれていく

だが　人間《にんげん》は
むかしから
どんな天災《てんさい》からも
切《き》りぬけてきたではないか
絶望《ぜつぼう》の淵《ふち》からでも
はい上《あ》がってきたではないか

パスカルは　言《い》った
「人間《にんげん》は考《かんが》える葦《あし》である」

――人間《にんげん》は　自然《しぜん》のうちで　最《もっと》も
弱《よわ》い一本《いっぽん》の葦《あし》に過《す》ぎない　し
かし　それは考《かんが》える葦《あし》である

私《わたし》は　この言葉《ことば》を　忘《わす》れない
第一線《だいいっせん》で　コロナと戦《たたか》う人《ひと》たちは
考《かんが》え　考《かんが》え　考《かんが》えぬき
実践《じっせん》に　つないでいるのだ
私《わたし》たちは
その大《おお》きな流《なが》れにそい
がんばり抜《ぬ》こう

人間《にんげん》は弱《よわ》い　しかし　負《ま》けない

ながたきくお

元気《げんき》の出《で》る処方《しょほう》せん

中村　多津子

自分《じぶん》を好《す》きになる処方《しょほう》せんを
書《か》いてみる
　私《わたし》が好《す》き
　私《わたし》ってステキ
　今日《きょう》もよく働《はたら》きました
　お疲《つか》れさま
　ごほうびは何《なに》にしましょう
毎日薬《まいにちくすり》を飲《の》むように
大《おお》きな声《こえ》で読《よ》みあげる
副作用《ふくさよう》として
　ついつい人混《ひとご》みの中《なか》でも

つぶやいてしまう
変《へん》に思《おも》った人《ひと》が寄《よ》ってくる
それを避《さ》けようとして転《ころ》ぶ

処方《しょほう》せんの効果《こうか》が
早《はや》く出《で》ますように

なかむらたづこ

砂時計《すなどけい》

中村　みちこ

ある時《とき》
砂時計《すなどけい》を反転《はんてん》させると
埋《うも》れていた過去《かこ》が
時《とき》を超《こ》えて流《なが》れ出《だ》した

押《お》しつぶされそうに
哀《かな》しかったこと
愚《おろ》かな過《あやま》ち
忘《わす》れたい遠《とお》い日《ひ》のできごと

戸惑《とまど》いながら受《う》けとめると
時《とき》に洗《あら》われたのか
透明《とうめい》になって

親《した》しげに
語《かた》りかけてきた

耳《みみ》を傾《かたむ》けよう

そうすれば
哀《かな》しむ人《ひと》に
寄《よ》り添《そ》えるだろう
後悔《こうかい》してる人《ひと》に
優《やさ》しくできるだろう

どれも
私《わたし》の心《こころ》にも在《あ》るのだから

なかむらみちこ

春《はる》は魔術師《まじゅつし》

新野　道子

里山《さとやま》が冬《ふゆ》から春《はる》に衣《ころも》がえをして
まろやかに笑《わら》っている

脱皮《だっぴ》した衣《ころも》は
どこへ捨《す》てたのだろう
山《やま》に聞《き》いてみたけれど返事《へんじ》がない
風《かぜ》に聞《き》いても知《し》らないという

山《やま》はどこかで密《ひそ》かに動《うご》いていた
慎重《しんちょう》に
だれにも気《き》づかれないように
桜色《さくらいろ》に染《そ》めるのはだれですか

若草色《わかくさいろ》を選《えら》んだのはなぜですか
視覚《しかく》をまひさせながら
静《しず》かに春《はる》の準備《じゅんび》をしている
里山《さとやま》の春《はる》はずるい

にいのみちこ

ネコ型《がた》のエコカー

にしかわ　とよこ

少女《しょうじょ》たちが作《つく》ったネコ型《がた》の車《くるま》が
サーキットで止《と》まった
その横《よこ》を流線型《りゅうせんけい》の車《くるま》が抜《ぬ》いていく

1ℓ《リットル》のガソリンで走《はし》るエコレース
少女《しょうじょ》たちは効率《こうりつ》よりも
かわいさにこだわり車《くるま》を作《つく》った

遊園地《ゆうえんち》ではかわいい乗《の》り物《もの》で
子《こ》どもたちが遊《あそ》んでいる
乗《の》り物《もの》のかわいいカバーの下《した》には
精密《せいみつ》な機械《きかい》が動《うご》いている

少女《しょうじょ》たちは将来《しょうらい》エンジニアになり
子《こ》どもたちが喜《よろこ》ぶ
かわいい乗《の》り物《もの》を作《つく》ることだろう

ネコ型《がた》の車《くるま》がエンジンを吹《ふ》かし
やっと　走《はし》り出《だ》した

好《す》き・嫌《きら》い　西野　すみれ

ほうれん草《そう》は好《す》き　人参《にんじん》は嫌《きら》い
お肉《にく》は好《す》き　お魚《さかな》は嫌《きら》い
犬《いぬ》は好《す》き　虫《むし》は嫌《きら》い
数学《すうがく》は好《す》き　英語《えいご》は嫌《きら》い
運動《うんどう》は好《す》き　勉強《べんきょう》は苦手《にがて》

そんなに　好《す》き嫌《きら》いが多《おお》い人《ひと》は
人《ひと》に対《たい》しても　好《す》き嫌《きら》いが多《おお》い
と　ママは言《い》う
ママは嫌《きら》いと言《い》わず　苦手《にがて》と言《い》う

なっちゃんは　大好《だいす》き!!
でも　なっちゃんの仲良《なかよ》しの
れなちゃんは　苦手《にがて》……

初対面《しょたいめん》で苦手《にがて》と感《かん》じる事《こと》がある
それって　相手《あいて》にも伝《つた》わる
好《す》き嫌《きら》いに　理由《わけ》などない
生理的《せいりてき》　本能的嫌悪《ほんのうてきけんお》もある
理由《わけ》が　はっきり解《わか》るものもある

マイナス感情《かんじょう》から始《はじ》まった人《ひと》を
いつの間《ま》にか　好《す》きになっていた
不思議《ふしぎ》？
嬉《うれ》しさ倍増《ばいぞう》　幸《しあわ》せな気持《きも》ちになる

にしのすみれ

ひとりのカンガルーが

野原　にじうお

「じぶんって　だめだなあ」
うつむいてつぶやいていたら
カンガルーになったみたい
ポケットいっぱいに
だめだなあだめだなあ　を
つめこんで　ちっぽけな
カンガルーがあるいていく

ある日《ひ》草原《そうげん》をぬけて丘《おか》をこえると
海《うみ》があった
海《うみ》でないものは
ちっぽけであたりまえだった
海《うみ》は　ずっと抱《だ》きしめていた

ちいさな貝殻《かいがら》をくれた

ポケットに
ちいさな貝殻《かいがら》ちいさな貝殻《かいがら》　を
つめこんで　カンガルーが

ざざーんざざーん　ささーん
ざざーんざざーん　ささーん
ポケットいっぱいに
海《うみ》をつめこんで　ぼくは
丘《おか》をこえ　草原《そうげん》をぬけて
あるいていく

のはらにじうお

すずらん　延永　治子

つぼみをつけたすずらんを
時季《じき》ではないけれど
植《う》えかえることになりました

ごめんなさいとあやまりながら
あしたの雨《あめ》を期待《きたい》しながら
あたらしい場所《ばしょ》にうつしました

ふりかかった災難《さいなん》に
ぐっと　口《くち》をむすんで
たえているつぼみ

ひらくかしら

水《みず》やりのたびに見《み》まもった
かたいつぼみは
すこしずつやわらいで

ほっと
息《いき》をつきながらひらきました

受難《じゅなん》のすずらんは
さいてくれました

のぶながはるこ

消化不良《しょうかふりょう》　浜野木　碧

けんかした友《とも》だちの　悪口《わるくち》を
思《おも》いきり　書《か》きなぐった　ノート

赤点《あかてん》　いっぱい　とっちゃった
漢字《かんじ》と　計算《けいさん》の　テスト

お母《かあ》さんへの　もんくを
ありったけ　ならべた　日記帳《にっきちょう》

みつかったら　まずいぞ
シュレッダーに　かけてしまえ
しゅー　くしゃくしゃ　くしゃ

どんどん　おしこんでいたら
警告《けいこく》ランプが　点滅《てんめつ》して
刃《は》の回転《かいてん》が　止《と》まった

ぴぴっ　ががが…　ぶぉーん……

悪口《わるくち》と　赤点《あかてん》と　もんくを
くわえこんだまま
シュレッダーが　うなっている

こんなもの　食《た》べたくない　と
はぎしりしながら　怒《おこ》っている

はまのぎみどり

一日一日《いちにちいちにち》を大切《たいせつ》に　はやし　ゆみ

一日一日《いちにちいちにち》を大切《たいせつ》に生《い》きていたら
自然《しぜん》と長生《ながい》きをしたいなあと
思《おも》えてくる

もうイヤだと　思《おも》っていた心《こころ》が
いや　もう少《すこ》しだけ
頑張《がんば》ってみようと
思《おも》えてくる

一日一日《いちにちいちにち》を大切《たいせつ》にかぞえていたら
あっと言《い》う間《ま》に　一日《いちにち》が過《す》ぎ
一年《いちねん》が過《す》ぎ　十年《じゅうねん》が過《す》ぎてしまう

気《き》がつけば
おじいちゃん　おばあちゃんに
なっているよ

一日一日《いちにちいちにち》を大切《たいせつ》にするだけで
歳《とし》がとれてしまうよ

もうこんな歳《とし》かと
笑《わら》える日《ひ》が　必《かなら》ずくるよ

ラクダの動画《どうが》　遙　北斗

「ウケるね」押《お》した　人《ひと》もいる
働《はたら》くラクダの　動画《どうが》です
飼《か》い主《ぬし》さんの　商売《しょうばい》で
背中《せなか》にお客《きゃく》を　乗《の》せたけど
重《おも》くて立《た》てない　動《うご》けない

気楽《きらく》に騒《さわ》ぐ　人《ひと》たちは
定員《ていいん》オーバー　四人組《よにんぐみ》
必死《ひっし》でやっと　立《た》ったのに
道化師《どうけし》みたいに　笑《わら》われて
ラクダはヨロヨロ　歩《ある》き出《だ》す
ラクダはきっと　泣《な》いている

誰《だれ》にも気《き》づいて　もらえずに
涙《なみだ》もすぐに　乾《かわ》くほど
陽射《ひざ》しが熱《あつ》くて　ツライはず
「酷《ひど》いね」ボタンを　ボクは押《お》す

はるかほくと

やわらかい心《こころ》で　はるかぜ　そよか

どんよりと曇《くも》った空《そら》の下《した》
寒《さむ》さと恐怖《きょうふ》にふるえる
子《こ》どもたちがいる

「おはよう」とあいさつをして
おいしいご飯《はん》を食《た》べ
元気《げんき》に学校《がっこう》に行《い》っていた日々《ひび》が
笑顔《えがお》が…一瞬《いっしゅん》にして消《き》えた

人《ひと》の心《こころ》は怖《こわ》いね
するどく尖《とが》ると
誰《だれ》かを傷《きず》つける

けれど
人《ひと》の心《こころ》は温《あたた》かいね
やわらかく丸《まる》いと
誰《だれ》かを助《たす》けられる

同《おな》じ生《い》きるなら
やわらかい心《こころ》で
いつもほほ笑《え》みを浮《う》かべて

お花《はな》にそっと水《みず》をあげるような
動物《どうぶつ》に静《しず》かに話《はな》しかけるような
青空《あおぞら》がきれいと思《おも》えるような
やさしい人間《にんげん》でありたい

はるかぜそよか

芦《よし》のすだれに

樋口　てい子

軒下《のきした》の芦《よし》のすだれに
夕日《ゆうひ》が射《さ》して
編《あ》まれた芦《よし》が朱《しゅ》に光《ひか》る

芽生《めば》え茂《しげ》ったびわ湖《こ》の岸《きし》も
同《おな》じ夕日《ゆうひ》に照《て》らされて
芦《よし》の群落《ぐんらく》　朱《あか》かろう

ひぐちていこ

花《はな》咲《さ》く大地《だいち》に

久冨　じょうじ

花《はな》咲《さ》く大地《だいち》に戦《いくさ》は　いらない
あればいいのは戦《そよ》ぐ風《かぜ》

花《はな》咲《さ》く大地《だいち》に似合《にあ》うのは
あなたと愛《あい》する人《ひと》の姿《すがた》だけ
憩《いこ》いを楽《たの》しむ姿《すがた》だけ
戦《たたか》う姿《すがた》など似合《にあ》わない

草花《くさばな》の種《たね》が弾《はじ》ける音《おと》がする
豊《ゆた》かで優《やさ》しい静《しず》けさの
花《はな》咲《さ》く大地《だいち》に銃弾《じゅうだん》は　いらない
ギター爪弾《つまび》く人《ひと》たちの
笑顔《えがお》だけを見《み》ていたい

多《おお》くの人《ひと》がそのことを
望《のぞ》んでいるのになぜできない
歴史《れきし》を学《まな》ぶということは
より良《よ》き未来《みらい》を築《きず》くためだと
歴史《れきし》の教師《きょうし》は言《い》わなかったか
ただ過去《かこ》の出来事《できごと》として
覚《おぼ》えよと言《い》ったのか

花《はな》咲《さ》く大地《だいち》に戦《いくさ》は　いらない
花《はな》咲《さ》く大地《だいち》に似合《にあ》うのは
戦《そよ》ぐ風《かぜ》の中《なか》にただ憩《いこ》う
愛《あい》ある人《ひと》たちがふさわしい
愛《あい》ある人《ひと》たちがふさわしい

ひさとみじょうじ

なでしこ　ひさとみ　純代

今年《ことし》も〝なでしこ〟の花《はな》が咲《さ》いた
弟《おとうと》にその名《な》を教《おし》えたのは
私《わたし》が12歳《さい》のとき

農家《のうか》の日曜日《にちようび》の昼下《ひるさ》がり
誰《だれ》もいない暗《くら》い家《いえ》で
弟《おとうと》の理科《りか》のプリントをみていた
　ふじばかま　はぎ　すすき
　ききょう　くず　おみなえし
秋《あき》の七草《ななくさ》の絵《え》にその名《な》を書《か》きこむ
　〝なでしこ〟
その名前《なまえ》だけ　どうしても弟《おとうと》は
覚《おぼ》えられなくて

まねしっこ　まねしこ　なでしこ
と　覚《おぼ》えときと言《い》った私《わたし》
まん丸《まる》の大《おお》きな目《め》が
くりくりと笑《わら》った

あれから五十年以上《ごじゅうねんいじょう》もの時《とき》が過《す》ぎ
祖父《そふ》も祖母《そぼ》も父《ちち》も母《はは》も亡《な》くなって
もう誰《だれ》も畑《はたけ》に出《で》ることはない
その弟《おとうと》さえ　もういない

ボールプランターの中《なか》
秋《あき》の白《しろ》い光《ひかり》を受《う》け　優《やさ》しい草姿《くさすがた》で
〝なでしこ〟の花《はな》が咲《さ》いている

ひさとみすみよ

大砲《たいほう》

人見　敬子

私《わたし》は
大砲《たいほう》としての年月《としつき》を過《す》ごしてきた
火薬《かやく》と血《ち》と涙《なみだ》の匂《にお》いの日々《ひび》
そしてもう
私《わたし》の役目《やくめ》は終《お》わるだろう

いつかもし
生《う》まれ変《か》われるならば
野原《のはら》を行《ゆ》く蒸気機関車《じょうききかんしゃ》に
バラのつるを支《ささ》えるアーチに
歌声《うたごえ》を誘《さそ》う　ギターの弦《げん》に
なりたい

いいえ
もし　生《う》まれ変《か》われるならば
傷付《きずつ》けてしまった人《ひと》の
新《あたら》しい身体《からだ》の一部《いちぶ》
その小《ちい》さな留《と》め金《がね》のひとつに
なりたい

ひとみけいこ

おまじない　ひらいで　鏡子

子《こ》どもの頃《ころ》から
変《へん》な気《き》がしていた
もしかして　私《わたし》は神様《かみさま》の子《こ》
あるいは
妖怪《ようかい》の子孫《しそん》
なんて

おまじないやお祈《いの》りをよくした
大《たい》した事《こと》は起《お》こせなかったから
そうありたいと思《おも》ったのかな
でも
叶《かな》った事《こと》はたくさんあった
今《いま》という時《とき》の中《なか》に在《あ》ることも

ひとつの呪文《じゅもん》をかけていた

おまじないという字《じ》は
かん字《じ》で書《か》くと　お呪《まじな》い
同《おな》じ字《じ》でのろいとも読《よ》む
悪《わる》い願《ねが》いなら　呪《のろ》いとなり
戦争《せんそう》を始《はじ》めたりするのだろうか
できることなら止《や》めさせる

この頃《ごろ》は
宇宙人《うちゅうじん》ではないかと思《おも》ったりする
地球《ちきゅう》という奇跡《きせき》のゆくえを
見《み》とどけに来《き》た

ひらいできょうこ

もものつきびと

福本　恵子

もも　みつめていると
なるときも
もぐときも
かならずそばにいて
うるときも
かうときも
いそいそついてくる
れいぞうこのなかも
かぶりつくしゅんかんも
したたるおつゆ
ぬぐうときまでも
つきびとのように
ものじがかおをだす

わたしでできている
くだものだもの
ほかのもじには
まかせられない　と

たねになっても

つちになっても

ふくもとけいこ

人《ひと》ってヒトって人《ひと》って

藤本　美智子

そうだ　生《い》きものなんだ
生《い》かされている

ふじもとみちこ

手紙《てがみ》　帆草　とうか

不思議《ふしぎ》に星《ほし》に似《に》た
夜《よる》の飛行機《ひこうき》の赤《あか》い点滅《てんめつ》は
ぼくが君《きみ》に送《おく》った　手紙《てがみ》の足《あし》おと

でもね
到着口《とうちゃくぐち》に　君《きみ》はいない

だってぼく
君《きみ》のことなんにも知《し》らないんだも
の
宛先不明《あてさきふめい》で
いくつもの夜《よる》　空往《そらゆ》く手紙《てがみ》

でもね
同《おな》じ時間《じかん》　同《おな》じ道《みち》すじなのに

いさましいオリオンの
みずいろにかがやくシリウスの
いつかきらきら　青《あお》い海《うみ》すくうの
が夢《ゆめ》・・の　ひしゃく星《ぼし》の位置《いち》は
日《ひ》ごと変《か》わるんだ

いろんな星《ほし》を　かんむりに
君《きみ》への手紙《てがみ》　赤《あか》い点滅《てんめつ》　夜《よる》を往《ゆ》く
まだ知《し》らない
君《きみ》をめざして

ほぐさとうか

いのちのたしざん

星野　良一

一《いち》びょう一《いち》びょう
たしていき
ぼくらはいまを
いきている

いのちがたしざん
すればするほど
いのちのじかんは
へっていく

うまれたとたんに
はじまるそれが
いつおわるのかを
ぼくらはしらない

しっているのは
それがおわると
いのちのじかんが
ゼロになること

しっているのは
そのたしざんが
かなしいだけじゃ
ないということ

ほしのりょういち

今日《きょう》は学校《がっこう》を休《やす》んでもいい？

真恵原　佳子

ねえ　お母《かあ》さん
今日《きょう》は　学校《がっこう》を休《やす》んでもいい？
だって　行《い》きたくないんだもの
どうしてかは　よく分《わ》からない
学校《がっこう》に行《い》かなきゃと思《おも》うと
お腹《なか》が痛《いた》くなって
涙《なみだ》が出《で》そうになっちゃうんだ

ねえ　お母《かあ》さん
今日《きょう》は　学校《がっこう》を休《やす》んでもいい？
だって　行《い》ってもつまんないんだ
ぼくの居場所《いばしょ》が　ないんだもの
ひとりぼっちは　胸《むね》が痛《いた》いよ
教室《きょうしつ》の片隅《かたすみ》　立《た》ち尽《つ》くすだけの
色褪《いろあ》せたぼく

ねえ　お母《かあ》さん
今日《きょう》は　学校《がっこう》を休《やす》んでもいい？
だって　一生懸命《いっしょうけんめい》やっているのに
うまくいかないんだ
苦手《にがて》みたい　人《ひと》がたくさんいる所《ところ》
じろじろ見《み》られている気《き》がして
言葉《ことば》が出《で》てこない
目《め》には見《み》えない心《こころ》の傷《きず》があるから
消《き》えてしまいそうな時《とき》もある
掌《てのひら》に舞《ま》い落《お》ちた一片《ひとひら》の雪《ゆき》のように

まえはらよしこ

ちいさき声《こえ》　松下　由布子

わたしは　いつも　ひとりぼっち
しっぱいばかりで　かなしいよ
わたしのこころ　きいてみる
だれか　おしえて　おしえて　と
　わたしの　こころの　ちいさな
声《こえ》が
こころのなかで　ちいさな　ちい
さなことば　さがしてる

　ごめんね　ごめんね

こまったことが　こまったと
わからないことが　わからないと
すなおにいえず　つぶやくの

ひとりになると　わたしのこころ
　さがしてる
ひとりになると　だれかのこころ
　さがしてる

だから　おおきくなったら　ちい
さき声《こえ》を　ひろえる　ママに

わたしも　ちいさなこどもの　ち
いさな声《こえ》の
　ひとり　だったから…

まつしたゆふこ

つもり　眞鍋　ホウセイ

キミは「するつもり」と言《い》った
ボクは「やるつもり」と言《い》った
キミは「そのうち」と言《い》った
ボクも「そのうち」と言《い》った
つもりがだんだん積《つも》って来《き》て
今日《きょう》　先生《せんせい》にしかられた
学校《がっこう》の帰《かえ》り道《みち》
二人《ふたり》はとっても悲《かな》しかった

「そのうちは何時《いつ》ですか」
「つもりはどんなつもりですか」
「はっきりしなさい二人《ふたり》とも」

先生《せんせい》の言葉《ことば》を思《おも》い出《だ》した
でもね　なかなか捨《す》てられないよ
だってつもりもそのうちも
二人《ふたり》にとって友達《ともだち》だもの

雨《あめ》はもう上《あ》がり夕空《ゆうぞら》に虹《にじ》が出《で》てい
た「きれいだね虹《にじ》」

翌朝《よくあさ》　昨日《きのう》の虹《にじ》が消《き》える時《とき》二人《ふたり》の
そのうちとつもりも消《き》えていった
気《き》がした　なんだか淋《さび》しい気分《きぶん》の
まま二人《ふたり》は学校《がっこう》へ向《む》かって
走《はし》り出《だ》した

まなべほうせい

夢《ゆめ》の種《たね》　みずたに　ゆみ

心《こころ》の内《うち》に　種《たね》を蒔《ま》こう
夢《ゆめ》の種《たね》を蒔《ま》こう
そして
ゆっくりと育《そだ》ててゆこう

忙《いそが》しい日々《ひび》や
忘《わす》れてしまうこともある
けれども
夢《ゆめ》の種《たね》は消《き》えない

いつも
光《ひかり》の方《ほう》を向《む》きながら
歩《ある》いてゆこう

時々《ときどき》
水《みず》を与《あた》え　肥料《ひりょう》を施《ほどこ》し
ゆっくりと
夢《ゆめ》の種《たね》を育《そだ》ててゆこう

朝顔《あさがお》のように
双葉《ふたば》を出《だ》し
蔓《つる》を伸《の》ばし
思《おも》いがけない場所《ばしょ》で
夢《ゆめ》が花開《はなひら》くこともある
夢《ゆめ》のこぼれ種《だね》が
誰《だれ》かの胸《むね》に
はじけ飛《と》ぶかもしれない

手紙《てがみ》

三好　清子

手紙《てがみ》が好《す》き
封《ふう》を開《あ》けるその瞬間《とき》
心《こころ》が駆《か》けだしそう

スマホのメールはすぐ届《とど》く
手紙《てがみ》は速《はや》くて三日《みっか》かかる

三日《みっか》の間《あいだ》に文字《もじ》たちが
便箋《びんせん》から飛《と》び出《だ》して
魔法《まほう》をかけているのかな

時間《じかん》をかけて届《とど》く手紙《てがみ》が
私《わたし》は好《す》き

みよしせいこ

春《はる》　もり　みか

ぽろぽろと菜《な》の花《はな》の
まあるい種《たね》がこぼれています
野原《のはら》はそっと両手《りょうて》を広《ひろ》げ
静《しず》かにキャッチしています

虫《むし》たちは忙《いそが》しそうに
行《い》ったり来《き》たり
時々《ときどき》うっかり私《わたし》の腕《うで》に
登《のぼ》ってきたりしています
ポケットから取《と》り出《だ》した

ビスケットはこなごなでも
ありたちにはごちそうみたい
自分《じぶん》より大《おお》きなかけらを
いそいそと運《はこ》んでいます
おいしそうね
私《わたし》も今日《きょう》は
ここの空気《くうき》が一番《いちばん》おいしい

土手《どて》の芝生《しばふ》がちくちくと
背中《せなか》をくすぐるそんな一日《いちにち》

もりみか

ぼくという　みしらぬひと

森木　林

思考《しこう》をノイズで消《け》して
ぼくたちは時間《とき》を先送《さきおく》りしている
まるで　アップテンポの
売《う》り場《ば》のＢＧＭみたいだね
　思《おも》いは　さざ波《なみ》に
日々《ひび》は　流《なが》れて　透《す》けてゆく

ぼくという　惑《まど》い星《ぼし》には
深《ふか》く刻《きざ》まれた　海溝《かいこう》がある
波間《なみま》には　宝島《たからじま》もきっと
　ぼくではない声《こえ》に
　心《こころ》を　かたむけていても
時間《とき》は　流《なが》れて　溶《と》けてゆく

ねえ
このまま
ゴールまで　走《はし》りぬける？
それとも
ときどき　とっぷり　話《はな》そうか？

近《ちか》くて
けれど　遠《とお》い　きみ

ぼくという
〈未知《みし》〉らぬひと

もりきりん

慰霊《いれい》の塔《とう》　森子

全島《ぜんとう》で行《おこな》われる戦没者慰霊《せんぼつしゃいれい》
村《むら》のあちらこちらに転《ころ》がる亡《な》き骸《がら》
島人《しまんちゅう》　大和人《やまとんちゅう》　アメリカ―

誰《だれ》にでも家族《かぞく》がいる
死《し》んでお終《しま》いではね―

鎮魂《ちんこん》の碑《ひ》　慰霊塔《いれいとう》　眠《ねむ》る無縁仏《むえんぼとけ》
そこは見晴《みは》らしのいい高台《たかだい》
夏《なつ》は涼《すず》しい風《かぜ》が吹《ふ》き抜《ぬ》ける松林《まつばやし》
ここへ来《く》ると不思議《ふしぎ》な気持《きも》ち
自然《しぜん》と手《て》を合《あ》わせる

慰霊《いれい》の日《ひ》は　祈《いの》りの日《ひ》
掃除《そうじ》をしてお花《はな》をお供《そな》えする
お線香《せんこう》立《た》ち込《こ》める
大人《おとな》から子《こ》どもたちへ
平和《へいわ》の尊《とうと》さを語《かた》り継《つ》ぐ

私《わたし》のおばあさん
おじさん　おばさんたちも
お祀《まつ》りされていますように

もりこ

ふたご座流星群《ざりゅうせいぐん》

山下　美樹

真夜中《まよなか》のすこし前《まえ》
真《ま》っ暗《くら》な中学校《ちゅうがっこう》の正門前《せいもんまえ》で
ひとり夜空《よぞら》を見上《みあ》げる

校舎《こうしゃ》が街明《まちあ》かりをさえぎり
流《なが》れ星《ぼし》をひとりじめできる
ぼくだけの特等席《とくとうせき》

一晩中明《ひとばんじゅうあか》るい街中《まちなか》でも
流《なが》れ星《ぼし》を見《み》られる場所《ばしょ》は
あるんだよって
言《い》いたいけれど言《い》いたくない
ぼくだけのとっておき

けれど
ひときわ明《あか》るい流《なが》れ星《ぼし》に
「あーっ」と叫《さけ》ぶだれかの声《こえ》と
ぼくの叫《さけ》ぶ声《こえ》が重《かさ》なって知《し》った

流《なが》れ星《ぼし》のひとりじめなんて
できていなかったことを
だれかと一瞬《いっしゅん》を共《とも》にしただけで
喜《よろこ》びで心《こころ》が跳《は》ねることを

次《つぎ》はだれかをさそってみようかな
家路《いえじ》をたどる足取《あしど》りが軽《かる》くなる
ふたご座流星群《ざりゅうせいぐん》、極大日《きょくだいび》の夜《よる》

やましたみき

しあわせみつけた！

山部　京子

吹《ふ》きゆく風《かぜ》の言葉《ことば》に
いつか誘《さそ》われて
ひとり立《た》つ窓辺《まどべ》
かすかに見《み》える曲《まが》り角《かど》
空《そら》に響《ひび》くあの歌声《うたごえ》
遠《とお》いあこがれのまま…
「さよなら」の後《うし》ろ姿《すがた》に
そっとほほえんでみた

今日《きょう》からはこの道《みち》を
一歩《いっぽ》ずつ歩《ある》いて行《い》こう
追《お》いつけない想《おも》い出《で》ひとつ
わたしの心《こころ》に…

黄金色《こがねいろ》に輝《かがや》いている
道《みち》があっても
熱《あつ》い夢《ゆめ》をくれるのは
あなたのメロディー
デコボコ坂道《さかみち》ころんでも
しあわせキラリみつけた！
涙《なみだ》の向《む》こうに優《やさ》しい
「こんにちは」の笑顔《えがお》

明日《あす》もまたこの道《みち》を
信《しん》じて歩《ある》いて行《い》こう
限《かぎ》りのない希望《きぼう》の光《ひかり》に
手《て》を伸《の》ばして…

やまべきょうこ

大切《たいせつ》なぬくもり　佳衣　眞壽美

大好《だいす》きな　お母《かあ》さんの手《て》
わたしをいつも
あたためてくれる
寒《さむ》いときも
泣《な》いているときも
わたしを元気《げんき》にしてくれる

ありがとう　お母《かあ》さんの手《て》
わたしにいつも
寄《よ》り添《そ》ってくれる
不安《ふあん》なときは笑顔《えがお》に
楽《たの》しいときは
ハイタッチしてくれる

ほんとうは
いつもとなりにいてほしい…
わたしのお守《まも》りのような
お母《かあ》さんの手《て》

よしいますみ

NDC911	子どものための少年詩集編集委員会
神奈川　銀の鈴社	
120頁　21cm	（子どものための少年詩集 2023）

子どものための少年詩集 2023

2023年12月15日初版発行
定価：本体 2,400円＋税

編　　者――子どものための少年詩集編集委員会©
挿　　画――三谷　慎
発 行 者――西野大介
発　　行――株式会社 銀の鈴社
〒248-0017　神奈川県鎌倉市佐助 1-18-21 万葉野の花庵
電話：0467（61）1930　FAX：0467（61）1931
https://www.ginsuzu.com　info@ginsuzu.com
〈創刊1984年「現代少年詩集」編集代表：秋原秀夫〉

ISBN 978-4-86618-156-1 C8092
印刷・電算印刷　製本・渋谷文泉閣
落丁・乱丁本はお取り替え致します

…ジュニアポエムシリーズ…

1 鈴木敏史・詩 宮下琢郎・絵集 星の美しい村 ★☆
2 小池知子・詩 高志孝子・絵集 おにわいっぱいぼくのなまえ ★☆
3 鶴岡千代子・詩 武田淑子・絵集 白い虹 児文芸新人賞
4 楠木しげお・詩 久保雅勇・絵集 カワウソの帽子
5 津坂治男・詩 垣内美穂・絵集 大きくなったら ★◇
6 後藤れい子・詩 山本まつ子・絵集 あくたれぼうずのかぞえうた
7 北村蔦子・詩 柿本幸造・絵集 あかちんらくがき
8 吉田瑞穂・詩 吉田翠・絵集 しおまねきと少年 ★⊠◎
9 新川和江・詩 葉祥明・絵集 野のまつり ★☆
10 阪田寛夫・詩 織茂恭子・絵集 夕方のにおい ★◈○☆
11 高田敏子・詩 若山憲・絵集 枯れ葉と星 ★☆
12 原田直友・詩 吉田翠・絵集 スイッチョの歌 ★◎
13 小林純一・詩 久保雅勇・絵集 茂作じいさん ★◉♪☆◎
14 谷川俊太郎・詩 長新太・絵集 地球へのピクニック ★◎◇
15 与田準一・詩集 深沢省三・絵 深沢紅子・絵 ゆめみることば ★
16 岸田衿子・詩 中谷千代子・絵集 だれもいそがない村
17 江間章子・詩 榊原直美・絵集 水と風 ◇◎
18 原田直友・詩 小野まり・絵集 虹―村の風景― ★
19 福田正夫・詩 福田達夫・絵集 星の輝く海 ★☆
20 草野心平・詩 長野ヒデ子・絵集 げんげと蛙 ★☆○◇
21 宮田滋子・詩 青木まさる・絵集 手紙のおうち ☆○
22 久保田昭三・詩 斎藤彬子・絵集 のはらでさきたい
23 鶴岡千代子・詩集 加倉井和夫・絵 武田淑子・絵 白いクジャク ★♪
24 尾上尚子・詩 まど・みちお・絵集 そらいろのビー玉 ★☆ 児文協新人賞
25 水上紅・詩 深沢紅子・絵集 私のすばる ☆
26 野呂昶・詩 福島二三・絵集 おとのかだん ★
27 こやま峰子・詩 武田淑子・絵集 さんかくじょうぎ ☆
28 青戸かいち・詩 駒宮録郎・絵集 ぞうの子だって
29 まきたかし・詩 福田達夫・絵集 いつか君の花咲くとき ★☆♡
30 薩摩忠・詩 駒宮録郎・絵集 まっかな秋 ★☆♡
31 新川和江・詩 福島二三・絵集 ヤァ！ヤナギの木 ★☆○♡
32 井上靖・詩 駒宮録郎・絵集 シリア沙漠の少年 ★☆♡
33 古村徹三 詩・絵 笑いの神さま
34 江上波夫・詩 青空風太郎・絵集 ミスター人類 ○☆
35 秋原秀夫・詩 鈴木義治・絵集 風の記憶 ★◎
36 水村三千夫・詩 武田淑子・絵集 鳩を飛ばす
37 久冨純江・詩 渡辺安芸夫・絵集 風車 クッキングポエム
38 日野生三・詩 吉野晃希男・絵集 雲のスフィンクス ★
39 佐藤雅子・詩集 佐藤太清・絵 広瀬きよみ・絵 五月の風 ★
40 小黒恵子・詩 武田淑子・絵集 モンキーパズル ★
41 木村信子・詩 山本典子・絵集 でていった
42 中野栄子・詩 吉田翠・絵集 風のうた ☆
43 宮田滋子・詩 牧村慶子・絵集 絵をかく夕日 ★
44 大久保テイ子・詩 渡辺安芸夫・絵集 はたけの詩 ★☆
45 秋原秀夫・詩 赤星亮衛・絵集 ちいさなともだち ♥

☆日本図書館協会選定（2015年度で終了）
★全国学校図書館協議会選定（SLA）
□少年詩賞　■茨城県すいせん図書
○厚生省中央児童福祉審議会すいせん図書
♪日本童謡賞　♧岡山県選定図書
♡日本子どもの本研究会選定
♥秋田県選定図書
♣愛媛県教育会すいせん図書
◇岩手県選定図書
◆京都府選定図書
⊠芸術選奨文部大臣賞
◉赤い鳥文学賞　◈赤い靴賞

…ジュニアポエムシリーズ…

46 日友靖子詩集 藤城清治・安西明美・絵 猫曜日だから ☆◆
47 秋葉てる代詩集 武田淑子・絵 ハープムーンの夜に ♡
48 こやま峰子詩集 山本省三・絵 はじめのいーっぽ ♡★
49 黒柳啓子詩集 金子滋・絵 砂かけ狐 ♡
50 三枝ますみ詩集 武田淑子・絵 ピカソの絵 ♡☆♪
51 夢虹二詩集 武田淑子・絵 とんぼの中にぼくがいる ○♡♥
52 はたちよしこ詩集 まど・みちお・絵 レモンの車輪 □♧
53 大岡信詩集 葉祥明・絵 朝の頌歌 ☆★♥♡◎
54 吉田瑞穂詩集 吉田翠・絵 オホーツク海の月 ☆★♡
55 さとう恭子詩集 村上保・絵 銀のしぶき ☆★♡
56 星乃ミミナ詩集 葉祥明・絵 星空の旅人 ☆★♡
57 葉祥明詩・絵 ありがとう そよ風 ★♡▲
58 青戸かいち詩集 初山滋・絵 双葉と風
59 小野ルミ詩集 和田誠・絵 ゆきふるるん ☆★♡♪
60 なぐもはるき詩・絵 たったひとりの読者 ♡★♧
61 小関秀夫詩集 小倉玲子・絵 風《かざ》栞《しおり》 ♡★♥
62 海沼松世詩集 守下さおり・絵 かげろうのなか ☆♡
63 山本龍生詩集 小倉玲子・絵 春行き一番列車 ♡
64 小泉周二詩集 深沢省三・絵 こもりうた ☆★♡
65 かわてせいぞう詩集 若山憲・絵 野原のなかで ★♡♥
66 えぐちまき詩集 赤星亮衛・絵 ぞうのかばん ◆♡♥
67 池田あきつ詩集 小倉玲子・絵 天気雨 ♡
68 藤井則行詩集 君島美知子・絵 友へ ♡♤
69 藤哲生詩集 武田淑子・絵 秋いっぱい ★♠
70 日友靖子詩集 深沢紅子・絵 花天使を見ましたか ★
71 吉田瑞穂詩集 吉田翠・絵 はるおのかきの木 ★
72 小島禄琅詩集 中村陽子・絵 海を越えた蝶 ★☆♡♥
73 にしおまさこ詩集 杉田幸子・絵 あひるの子 ★
74 山下竹二詩集 徳田徳志芸・絵 レモンの木 ★
75 高崎乃理子詩集 奥山英俊・絵 おかあさんの庭 ★♡
76 檜きみこ詩集 広瀬弦・絵 しっぽいっぽん ♪☆♡★□
77 たかはしけいこ詩集 高田三郎・絵 おかあさんのにおい ♡♣□
78 星乃ミミナ詩集 深澤邦朗・絵 花かんむり ☆♡♥
79 佐藤照雄詩集 津波信久・絵 沖縄 風と少年 ☆♡★
80 相馬梅子詩集 やなせたかし・絵 真珠のように ♥★
81 小島禄琅詩集 深沢紅子・絵 地球がすきだ ★
82 鈴木美智子詩集 黒澤梧郎・絵 龍のとぶ村 ◇★♥
83 いがらしれいこ詩集 高田三郎・絵 小さなてのひら ☆
84 宮入黎子詩集 小倉玲子・絵 春のトランペット ☆★
85 下田喜久美詩集 方振寧・絵 ルビーの空気をすいました ☆
86 野呂昶詩集 方振寧・絵 銀の矢ふれふれ ★
87 ちよはらまちこ詩集 ちよはらまちこ・絵 パリパリサラダ ★
88 秋原秀夫詩集 徳田徳志芸・絵 地球のうた ☆★
89 中島あやこ詩集 井上緑・絵 もうひとつの部屋 ★
90 藤川こうのすけ詩集 葉祥明・絵 こころインデックス ☆

✻サトウハチロー賞
◌三木露風賞
♤福井県すいせん図書
▲神奈川県児童福祉審議会推薦優良図書
♠奈良県教育研究会すいせん図書
♧北海道選定図書
⊕静岡県すいせん図書
◎学校図書館図書整備協会選定図書（SLBA）
✣毎日童謡賞
❀三越左千夫少年詩賞

…ジュニアポエムシリーズ…

- 91 新井 和詩集 高田 三郎・絵 おばあちゃんの手紙 ☆★
- 92 はなわたえこ詩集 えばとかつこ・絵 みずたまりのへんじ ★♪
- 93 柏木恵美子詩集 武田 淑子・絵 花のなかの先生 ☆
- 94 中原千津子詩集 寺内 直美・絵 鳩への手紙 ★
- 95 高瀬美代子詩集 小倉 玲子・絵 仲なおり ★
- 96 杉本深由起詩集 若山 憲・絵 トマトのきぶん ☆★◎ 児文芸新人賞
- 97 宍倉さとし詩集 守下さおり・絵 海は青いとはかぎらない ♧
- 98 石井 英行詩集 有賀 忍・絵 おじいちゃんの友だち ■
- 99 なかのひろ詩集 アサト・シェラ・絵 とうさんのラブレター ☆★
- 100 小松 静江詩集 藤川 秀之・絵 古自転車のバットマン
- 101 石原 一輝詩集 加藤 真夢・絵 空になりたい ☆❈★
- 102 小泉 周二詩集 西 真里子・絵 誕生日の朝 ☆■★
- 103 くすのきしげのり童謡 わたなべあきお・絵 いちにのさんかんび ☆★
- 104 成本 和子詩集 小倉 玲子・絵 生まれておいで ☆★❈♡♧
- 105 伊藤 政弘詩集 小倉 玲子・絵 心のかたちをした化石 ★
- 106 川崎 洋子詩集 井戸 妙子・絵 ハンカチの木 □★☆
- 107 柘植 愛子詩集 油野 誠一・絵 はずかしがりやのコジュケイ ❈
- 108 新谷智恵子詩集 葉 祥明・絵 風をください ☆◈☼♪♡✣
- 109 金親 尚子詩集 牧 進・絵 あたたかな大地 ☆
- 110 黒柳 啓子詩集 吉田 翠・絵 父ちゃんの足音 ☆★♡□
- 111 富田 栄子詩集 油野 誠一・絵 にんじん笛 ♡☆
- 112 原 国子詩集 高畠 純・絵 ゆうべのうちに ☆△
- 113 宇部 京子詩集 スズキコージ・絵 よいお天気の日に ○□♪☆◇★
- 114 武鹿 悦子詩集 牧野 鈴子・絵 お花見 ☆□
- 115 山本なおこ詩集 梅田 俊作・絵 さりさりと雪の降る日 ☆★
- 116 小林比呂古詩集 おおた慶文・絵 ねこのみち ☆
- 117 後藤れい子詩集 渡辺あきお・絵 どろんこアイスクリーム ☆
- 118 重清 良吉詩集 高田 三郎・絵 草の上 ☆□֍◆★
- 119 宮中 雲子詩集 西 真里子・絵 どんな音がするでしょか ✼★
- 120 前山 敬子詩集 若山 憲・絵 のんびりくらげ ☆★
- 121 川端 律子詩集 若山 憲・絵 地球の星の上で ♡
- 122 たかはしけいこ詩集 織茂 恭子・絵 とうちゃん ♡֍♣★
- 123 宮田 滋子詩集 深澤 邦朗・絵 星の家族 ☆♪
- 124 国沢たまき詩集 唐沢 静・絵 新しい空がある
- 125 池田あきつ詩集 小倉 玲子・絵 かえるの国 ★
- 126 黒田 恵子詩集 倉島千賀子・絵 ボクのすきなおばあちゃん ☆★♡
- 127 垣内 磯子詩集 宮崎 照代・絵 よなかのしまうまバス ☆♡★
- 128 小泉 周二詩集 佐藤 平八・絵 太陽へ ֍★♪☆♡
- 129 中島 和子詩集 秋里 信子・絵 青い地球としゃぼんだま ☆★
- 130 のろさかん詩集 福島一二三・絵 天のたて琴 ☆
- 131 加藤 丈夫詩集 葉 祥明・絵 ただ今受信中 ☆★
- 132 北原 悠子詩集 深沢 紅子・絵 あなたがいるから ♡
- 133 池田もと子詩集 小倉 玲子・絵 おんぷになって ♡
- 134 鈴木 初江詩集 吉田 翠・絵 はねだしの百合 ★
- 135 垣内 磯子詩集 今井 俊・絵 かなしいときには ★

△長野県教育委員会すいせん図書　☆㈶日本動物愛護協会推薦図書
◈茨城県推奨図書　●児童ペン賞

…ジュニアポエムシリーズ…

136 秋葉てる代詩集 やなせたかし・絵 おかしのすきな魔法使い ♪★
137 青戸かいち詩集 永田 萠・絵 小さなさようなら ❁★
138 柏木恵美子詩集 高田 三郎・絵 雨のシロホン ♡★
139 藤井 則行詩集 阿見みどり・絵 春だから ♡★◎
140 黒田 勲子詩集 山中 冬児・絵 いのちのみちを
141 南郷 芳明詩集 的場 豊子・絵 花時計
142 やなせたかし 詩・絵 生きているってふしぎだな
143 内田麟太郎詩集 斎藤 隆夫・絵 うみがわらっている
144 しまざきふみ詩集 島崎 奈緒・絵 こねこのゆめ ♡
145 糸永えつこ詩集 武井 武雄・絵 ふしぎの部屋から ♡
146 石坂きみこ詩集 鈴木 英二・絵 風の中へ ♡
147 坂本 のこ詩集 坂本 こう・絵 ぼくの居場所 ♡
148 島村木綿子 詩・絵 森のたまご ❁
149 楠木しげお詩集 わたせせいぞう・絵 まみちゃんのネコ ★
150 牛尾 良子詩集 上矢 津・絵 おかあさんの気持ち ♡

151 三越左千夫詩集 阿見みどり・絵 せかいでいちばん大きなかがみ ★
152 水村三千夫詩集 高見八重子・絵 月と子ねずみ
153 川越 文子詩集 横松 桃子・絵 ぼくの一歩 ふしぎだね ★
154 すずきゆかり詩集 葉 祥明・絵 まっすぐ空へ
155 西田 純詩集 葉 祥明・絵 木の声 水の声
156 清野倭文子詩集 水科 舞・絵 ちいさな秘密《ひみつ》
157 川奈 静詩集 直江みちる・絵 浜ひるがおはパラボラアンテナ ★◎
158 若木 良水詩集 西 真里子・絵 光と風の中で
159 牧 陽子詩集 渡辺あきお・絵 ねこの詩 ★◎
160 宮田 滋子詩集 阿見みどり・絵 愛 一輪 ★◎
161 井上灯美子詩集 唐沢 静・絵 ことばのくさり ☆♪
162 滝波万理子詩集 滝波 裕子・絵 みんな王様《おうさま》 ★♪
163 冨岡 みち詩集 関口 コオ・絵 かぞえられへん せんぞさん ★
164 垣内 磯子詩集 辻 恵子・切り絵 緑色のライオン ★◎
165 すぎもとれいこ詩集 平井 辰夫・絵 ちょっといいことあったとき ★

166 岡田喜代子詩集 おぐらひろかず・絵 千年の音 ★☆◎
167 川奈 静詩集 直江みちる・絵 ひもの屋さんの空 ★◎☆♥♡
168 鶴岡千代子詩集 武田 淑子・絵 白い花火 ★☆
169 井上灯美子詩集 唐沢 静・絵 ちいさい空をノックノック ★◎☆
170 尾崎 杏子詩集 ひなた山すじゅう郎・絵 海辺のほいくえん ☆♡★◎
171 柘植 愛子詩集 やなせたかし・絵 たんぽぽ線路 ☆♡★◎♪
172 小林比呂古詩集 うめざわのりお・絵 横須賀スケッチ ☆★◎♡▲
173 林 佐知子詩集 串田 敦子・絵 きょうという日 ☆★◎♡▲
174 後藤基宗子詩集 岡澤由紀子・絵 風とあくしゅ ☆♥★◎♡
175 土屋 律子詩集 高瀬のぶえ・絵 るすばんカレー ☆♡★◎▲
176 三輪アイ子詩集 深沢 邦朗・絵 かたぐるましてよ ★☆♡
177 田辺瑞美子詩集 西 真里子・絵 地球賛歌 ☆★◎
178 高瀬美代子詩集 小倉 玲子・絵 オカリナを吹く少女 ☆♡
179 中野 惠子詩集 串田 敦子・絵 コロポックルでておいで ★♡☆♪
180 松井 節子詩集 阿見みどり・絵 風が遊びにきている ★☆♡▲

…ジュニアポエムシリーズ…

181 新谷智恵子・詩集 徳田徳志芸・絵 とびたいペンギン 佐世保文学賞 ♡★◎▲
182 牛尾良子・詩集 牛尾征治・写真 庭のおしゃべり ♡★◎
183 三枝ますみ・詩集 高見八重子・絵 サバンナの子守歌 ☆★
184 佐藤雅子・詩集 佐藤太清・菊池治子・絵 空の牧《まき》場《ば》 ☆★♡■◎◈
185 山内弘子・詩集 おぐらひろかず・絵 思い出のポケット ♡★♪
186 山内弘子・詩集 阿見みどり・絵 花の旅人 ♡★▲
187 原国子・詩集 牧野鈴子・絵 小鳥のしらせ ♡★△◎
188 人見敬子 詩・絵 方《はこ》舟《ぶね》地球号 —いのちは元気— ♡★◎
189 林佐知子・詩集 串田敦子・絵 天にまっすぐ ★☆♡◎
190 小臣富子・詩集 渡辺あきお・絵 わんさかわんさかどうぶつさん ✡♡★◎
191 川越文子・詩集 かまだちえみ・写真 もうすぐだからね ♡★◎
192 永田喜久男・詩集 武田淑子・絵 はんぶんごっこ ☆★◎♡
193 吉田房子・詩集 大和田明代・絵 大地はすごい ★◎♡▲
194 石井春香・詩集 高見八重子・絵 人魚の祈り ★♡
195 石原一輝・詩集 小倉玲子・絵 雲のひるね ♡

196 たかはしけいこ・詩集 髙橋敏彦・絵 そのあと ひとは ★
197 宮田滋子・詩集 おおた慶文・絵 風がふく日のお星さま ★♡◎
198 渡辺恵美子・詩集 つるみゆき・絵 空をひとりじめ ★♡♪
199 宮中雲子・詩集 西真里子・絵 手と手のうた ★
200 杉本深由起・詩集 太田大八・絵 漢字のかんじ ★♡❀
201 井上灯美子・詩集 唐沢静・絵 心の窓が目だったら ★♡
202 峰松晶子・詩集 おおた慶文・絵 きばなコスモスの道 ★♡
203 高橋文子・詩集 山中桃子・絵 八丈太鼓 ★♡
204 長野貴子・詩集 武田淑子・絵 星座の散歩 ★♡
205 江口正子・詩集 髙見八重子・絵 水の勇気 ♡☆★
206 藤本美智子 詩・絵 緑のふんすい ☆♡★
207 林佐知子・詩集 串田敦子・絵 春はどどど ♡★◎
208 小関秀夫・詩集 阿見みどり・絵 風のほとり ☆♡★▲
209 宗美津子・詩集 宗信寛・絵 きたのもりのシマフクロウ ♡★
210 かわてせいぞう・詩集 髙橋敏彦・絵 流れのある風景 ☆♡★

211 土屋律子・詩集 高瀬のぶえ・絵 ただいまぁ ★♡☆◎▲
212 永田喜久男・詩集 武田淑子・絵 かえっておいで ☆♡★
213 みたみちこ・詩集 牧進・絵 いのちの色 ♡★
214 糸永えつこ・詩集 糸永わかこ・絵 母です 息子です おかまいなく ♡☆★
215 宮田滋子・詩集 武田淑子・絵 さくらが走る ♡☆★♪
216 柏木恵美子・詩集 吉野晃希男・絵 ひとりぽっちの子クジラ ♡★◎
217 江口正子・詩集 髙見八重子・絵 小さな勇気 ♡☆★
218 井上灯美子・詩集 唐沢静・絵 いろのエンゼル ★♡
219 中島あやこ・詩集 日向山寿十郎・絵 駅伝競走 ★☆♡
220 高橋孝治・詩集 髙見八重子・絵 空の道 心の道 ★♡
221 江口正子・詩集 日向山寿十郎・絵 勇気の子 ♡☆★
222 宮田滋子・詩集 牧野鈴子・絵 白鳥よ ☆★
223 井上良子 詩集・銅版画 太陽の指環 ★
224 川越文子・詩集 山中桃子・絵 魔法のことば ♡☆★
225 西本みさこ・詩集 上司かのん・絵 いつもいっしょ ☆♡

…ジュニアポエムシリーズ…

ジュニアポエムシリーズは、子どもにもわかる言葉で真実の世界をうたう個人詩集のシリーズです。

本シリーズからは、毎回多くの作品が教科書等の掲載詩に選ばれており、1974年以来、全国の小・中学校の図書館や公共図書館等で、長く、広く、読み継がれています。

心を育むポエムの世界。

一人でも多くの子どもや大人に豊かなポエムの世界が届くよう、ジュニアポエムシリーズはこれからも小さな灯をともし続けて参ります。

＊刊行の順番はシリーズ番号と異なる場合があります。

銀の小箱シリーズ　四六変型

- 葉 祥明・詩・絵　小さな庭
- 若山 憲・詩・絵　白い煙突
- こばやしひろこ・詩　うめざわのりお・絵　みんななかよし
- 江口正子・詩　油野誠一・絵　みてみたい
- やなせたかし 詩・絵　あこがれよなかよくしよう
- 冨岡みち・詩　関口コオ・絵　ないしょやで
- 小林比呂古・詩　神谷健雄・絵　花かたみ
- 小泉周二・詩　辻友紀子・絵　誕生日・おめでとう
- 柏原耿子・詩　阿見みどり・絵　アハハ・ウフフ・オホホ★♡▲
- こばやしひろこ・詩　うめざわのりお・絵　ジャムパンみたいなお月さま★▲

新企画　オールカラー・A6判

小さな詩の絵本

- 内田麟太郎・詩　たかすかずみ・絵　いっしょに♡★◎

すずのねえほん　B5判・A4変型版

- たかはしけいこ・詩　中釜浩一郎・絵　わたし★◎
- 尾上尚子・詩　小倉玲子・絵　ぽわぽわん
- 糸永えつこ・詩　高見八重子・絵　はるなつあきふゆもうひとつ★ 児文芸新人賞
- 山口敦子・詩　高橋宏幸・絵　ばあばとあそぼう
- あらい・まさはる・童謡　しのはらはれみ・絵　けさいちばんのおはようさん
- 佐藤雅子・詩　佐藤太清・絵　こもりうたのように♪ 日本童謡賞　美しい日本の12ヵ月
- 柏木隆雄・詩　やなせたかし他・絵　かんさつ日記★♡
- マリウス・マルツィンケヴィチウス・詩　ラサ・ヤンチャウスカイテ・絵　きむらあや・訳　ちいさな ちいさな♡◎★

銀の鈴文庫　文庫サイズ・A6判

- 小沢千恵・詩　下田昌克・絵　あのこ♡▲

アンソロジー　A5判

- 渡辺浦人・編　村上保・絵　赤い鳥 青い鳥♪
- わたげの会・編　渡辺あきお・絵　花ひらく★
- 木曜会・編　西真里子・絵　いまも星はでている★
- 木曜会・編　西真里子・絵　いったりきたり♡
- 木曜会・編　西真里子・絵　宇宙からのメッセージ
- 木曜会・編　西真里子・絵　地球のキャッチボール★◎
- 木曜会・編　西真里子・絵　おにぎりとんがった☆★◎
- 木曜会・編　西真里子・絵　みぃーつけた♡★◎
- 木曜会・編　西真里子・絵　ドキドキがとまらない
- 木曜会・編　西真里子・絵　神さまのお通り★
- 木曜会・編　西真里子・絵　公園の日だまりで★♡
- 木曜会・編　西真里子・絵　ねこがのびをする♡★

掌の本 アンソロジー　A7判

- こころの詩 I　品切
- しぜんの詩 I
- いのちの詩 I　品切
- ありがとうの詩 I　品切
- 詩集 希望
- 詩集 家族
- いのちの詩集―いきものと野菜
- ことばの詩集―方言と手紙
- 詩集―夢・おめでとう
- 詩集―ふるさと・旅立ち

掌の本　A7判

- 森埜こみち・詩　こんなときは！